PARIS
für Abenteurer

DER REISEFÜHRER
ZUM SELBSTERKUNDEN

20 Touren
für 20 unvergessliche Abenteuer

URBANE ABENTEUER

Paris – die Stadt der Liebe und der tausend Lichter. Paris ist das perfekte Ziel für eine Städtereise - egal, ob Du nur kurz vorbeischaust oder etwas länger bleibst.

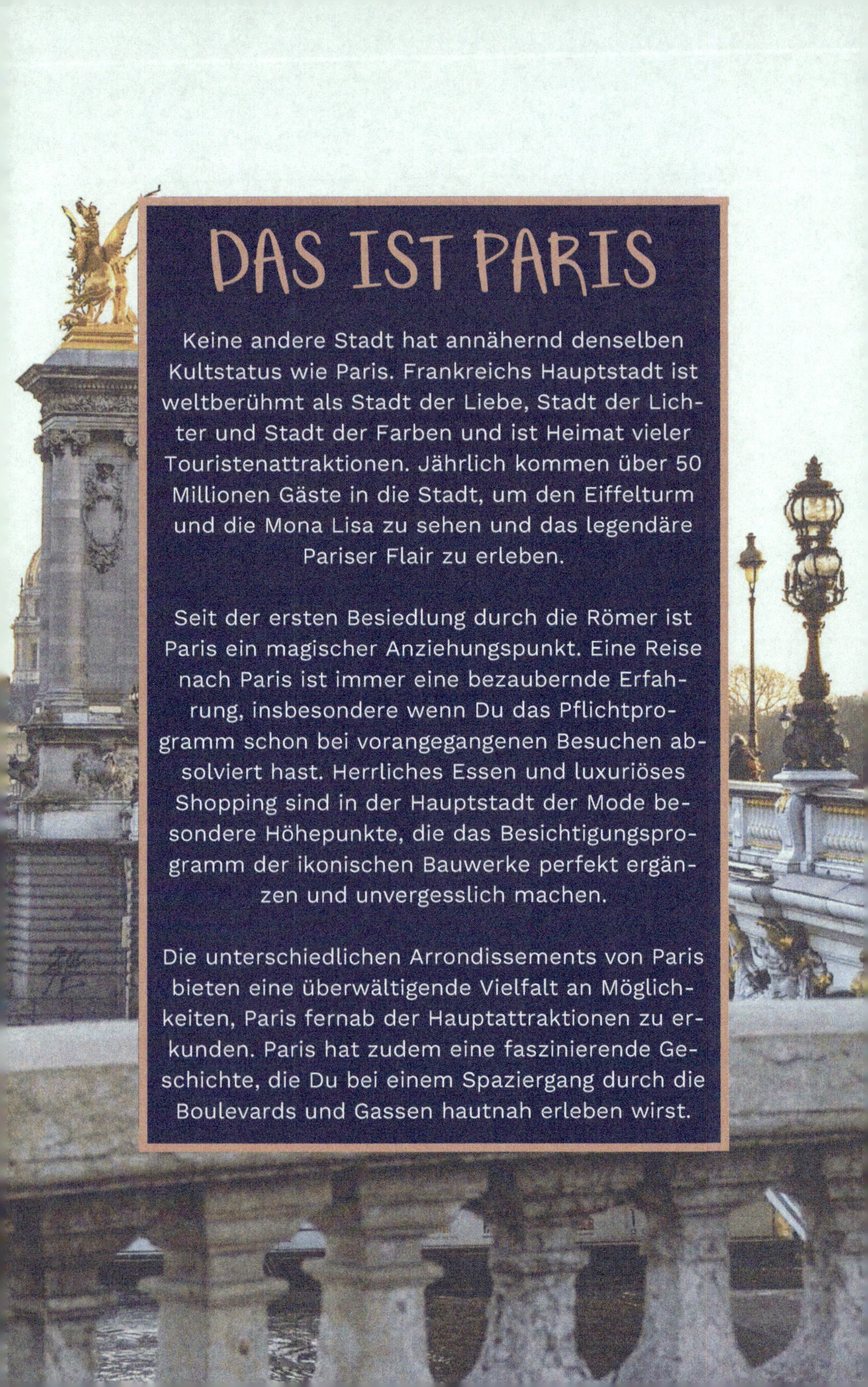

DAS IST PARIS

Keine andere Stadt hat annähernd denselben Kultstatus wie Paris. Frankreichs Hauptstadt ist weltberühmt als Stadt der Liebe, Stadt der Lichter und Stadt der Farben und ist Heimat vieler Touristenattraktionen. Jährlich kommen über 50 Millionen Gäste in die Stadt, um den Eiffelturm und die Mona Lisa zu sehen und das legendäre Pariser Flair zu erleben.

Seit der ersten Besiedlung durch die Römer ist Paris ein magischer Anziehungspunkt. Eine Reise nach Paris ist immer eine bezaubernde Erfahrung, insbesondere wenn Du das Pflichtprogramm schon bei vorangegangenen Besuchen absolviert hast. Herrliches Essen und luxuriöses Shopping sind in der Hauptstadt der Mode besondere Höhepunkte, die das Besichtigungsprogramm der ikonischen Bauwerke perfekt ergänzen und unvergesslich machen.

Die unterschiedlichen Arrondissements von Paris bieten eine überwältigende Vielfalt an Möglichkeiten, Paris fernab der Hauptattraktionen zu erkunden. Paris hat zudem eine faszinierende Geschichte, die Du bei einem Spaziergang durch die Boulevards und Gassen hautnah erleben wirst.

PARIS

INHALTSVERZEICHNIS

WIE DIESES BUCH FUNKTIONIERT

Dieser Reiseführer führt Dich durch eine der schönsten und romantischsten Städte Europas und hilft Dir, eine unvergessliche Zeit in Paris zu haben. Auf 20 spannenden Touren erfährst Du, wie Du das Beste aus Deiner Zeit in Paris holst.

URBANE ABENTEUER

In diesem Reiseführer wirst Du immer wieder auf QR-Codes stoßen. Diese nutzen wir, um Dich direkt zu den jeweiligen Restaurants, Sehenswürdigkeiten und Veranstaltern zu leiten. Auf diese Weise kannst Du direkt einen Tisch reservieren, Dir Speisekarten anschauen oder Eintrittstickets kaufen. Außerdem werden Dir manche Touren direkt in Google Maps angezeigt. Zudem sind viele Informationen so umfangreich, dass es den Rahmen dieses Reiseführers sprengen würde. Diese Informationen möchten wir Dir aber nicht vorenthalten, sondern Dir durch weiterführende Artikel auf unserer Webseite zur Verfügung stellen.

SCANNE MICH

Und so geht's: Du öffnest einfach die Kamera-App auf dem Smartphone und richtest die Kamera auf den QR-Code. Daraufhin öffnet sich der Link ganz automatisch. Falls es nicht funktioniert, kannst Du den Link alternativ auch manuell eingeben.

erlebn.is/
paris-reisen

DAS ERWARTET DICH IN PARIS

Jedes Viertel in Paris hat seine eigene Atmosphäre, mal ist es Bohème, mal intellektuell, mal elegant, dann wiederum kosmopolitisch. Du kannst selbst steuern, was Du bei Deiner Parisreise erleben möchtest, in dem Du entsprechende Orte gezielt aufsuchst.

- Das wahre Pariser Leben spielt sich jenseits der großen Sehenswürdigkeiten ab. Um alle Facetten von Paris zu erleben, solltest Du die großen Attraktionen wie Eiffelturm, Louvre und Notre-Dame mit den kleinen lokalen Genüssen kombinieren.
- In einem gemütlichen Café in einer Seitenstraße oder bei einer Fahrradtour entlang der Seine erhältst Du die schönsten Erlebnisse in Paris.
- Paris ist als Heimat vieler Modemarken der Inbegriff von Stil. Das schönste Reisesouvenir ist eindeutig die Pariser Mode.

KURZE GESCHICHTE DER STADT PARIS

Paris entstand im Jahr 53 v. Chr. als keltisch-römische Siedlung Lutetia auf der Insel in der Seine, wo seit 1345 die Kathedrale Notre-Dame steht.

Der Frankenkönig Chlodwig I. vereinigte im Jahr 508 n. Chr. Gallien zu einem Königreich. Dies führte dazu, dass Paris nach und nach zu einer bedeutenden Stadt und so zur Hauptstadt wurde.

1420 wurde Paris beim Hundertjährigen Krieg von den Engländern erobert, wogegen die Franzosen erfolgreich Widerstand leisteten und 1453 das ganze Land befreiten.

Paris war übrigens auch der wichtigste Schauplatz der Französischen Revolution von 1789 bis 1799.

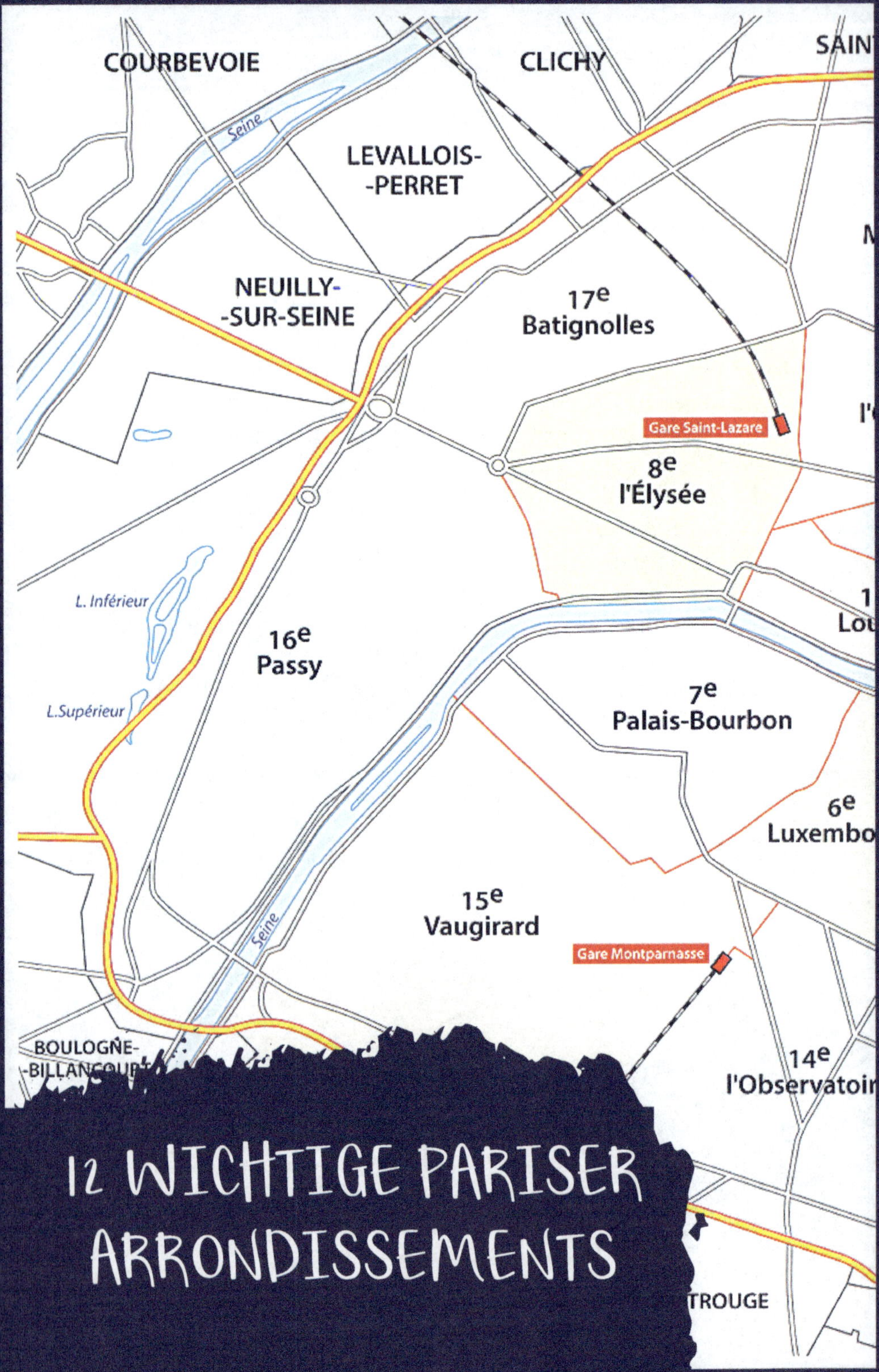

12 WICHTIGE PARISER ARRONDISSEMENTS

Die Stadt Paris ist in 20 Bezirke (Arrondissements) unterteilt. Das Erste befindet sich im Zentrum der Stadt. Die restlichen 19 kreisen wie ein Schneckenhaus um dieses herum.

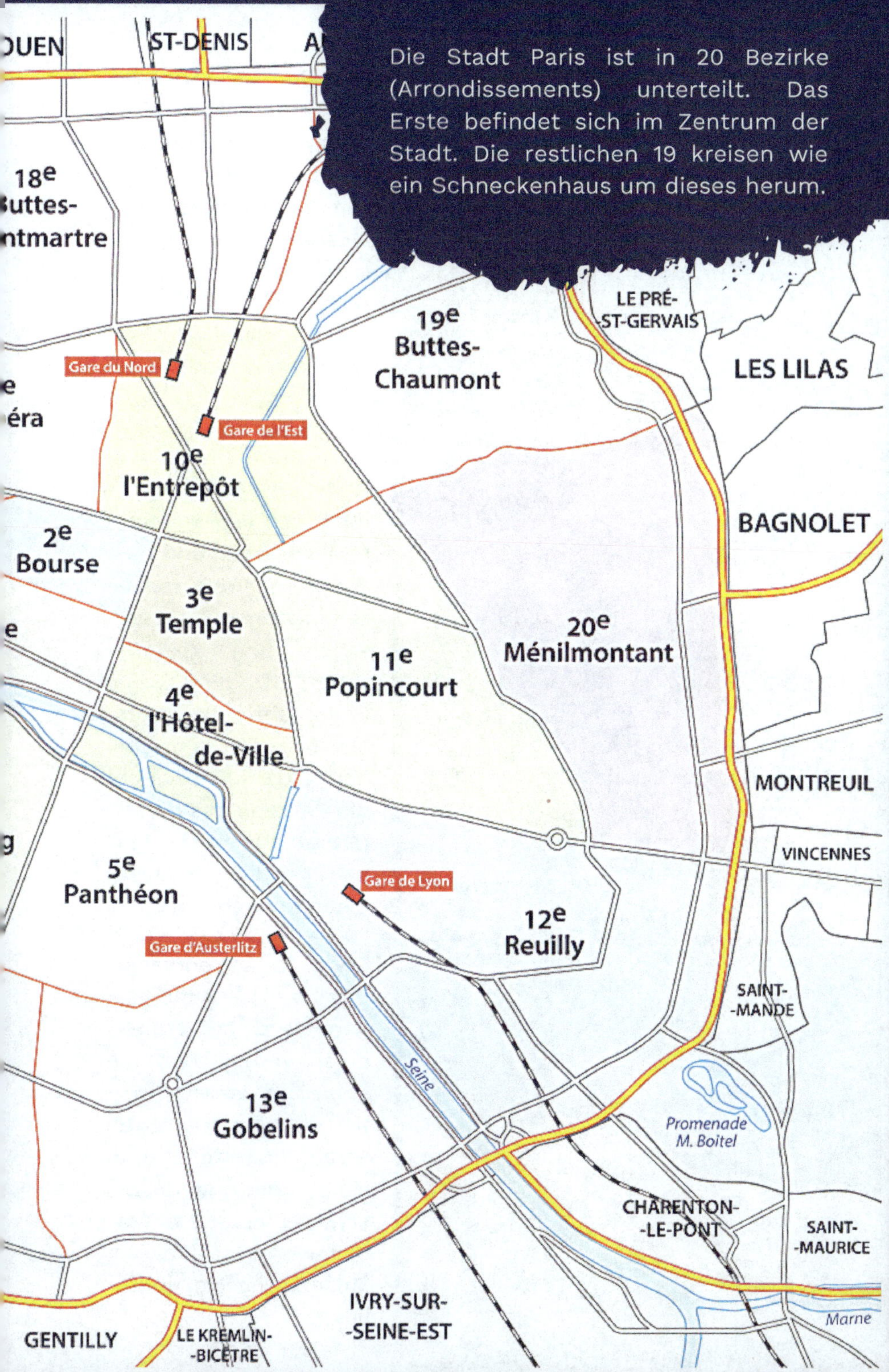

Das elegante 1. Arrondissement hat eine Vielzahl von Sehenswürdigkeiten zu bieten. Dazu gehören das Musée du Louvre, die herrschaftlichen Gärten Jardin des Tuileries und Jardin du Palais Royal und das Museum für zeitgenössische Kunst.

Das 2. Arrondissement ist der kleinste Pariser Bezirk und das Viertel mit den meisten historischen Passagen und malerischen Straßen. Glasüberdachte Passagen aus dem 19. Jahrhundert, darunter auch die Passage des Panoramas, sind nicht nur an regnerischen Tagen einen Besuch wert.

Das 3. Arrondissement wird Temple genannt, weil hier früher eine Templerfestung stand. In diesem Bezirk findest Du gute Straßenmärkte und viele tolle Modegeschäfte. Auch das sehenswerte Picasso Museum ist hier lokalisiert.

Das im Stil der Neorenaissance erbaute Rathaus gibt dem 4. Arrondissement seinen Namen. Die Notre-Dame befindet sich hier genau wie das Centre Pompidou. Abends trifft sich die Pariser Szene in den vielen Kneipen.

Auf dem Hügel im 5. Arrondissement liegt der Ursprung von Paris. Hier legten die Römer ihre erste Siedlung an, die sich bis zur heutigen Metropole weiter entwickelte. In diesem lebhaften Viertel vermischen sich die Studierenden der Sorbonne mit Künstler*innen des Quartier Latin.

Das 6. Arrondissement ist nach dem Sitz des Senats und seinem Garten Luxembourg benannt. Dieser teure und intellektuelle Stadtteil ist ein wichtiger Standort für Kunstgalerien und Modegeschäfte.

Im 7. Arrondissement stehen die berühmtesten Pariser Sehenswürdigkeiten nah beieinander. Das Wahrzeichen von Paris, der Eiffelturm, das Musée d'Orsay und der Invalidendom sind hier unweit voneinander zu bewundern.

Die Hauptverkehrsader des 8. Arrondissements ist die Champs-Élysées. In den besten französischen Restaurants und Edelboutiquen zeigt Paris sich in l'Élysée von seiner luxuriösesten und teuersten Seite. Der Triumphbogen, das Grand Palais und zahlreiche Kirchen befinden sich hier.

Das 9. Arrondissement von Paris ist ein abwechslungsreicher Stadtteil mit völlig unterschiedlichen Vierteln. Die eleganten Grands-Boulevards mit ihren Flagship-Kaufhäusern und die namensgebende Oper befinden sich im Süden von l'Opéra.

Zwischen den Seinebögen erstreckt sich das 16. Arrondissement, von den Jardins de Trocadéro bis zum weitläufigen Bois du Boulogne. Es gilt zudem als Austragungsort der French Open und als Heimat des Fußballclubs Paris Saint-Germain.

Das 17. Arrondissement von Paris zählt zu den schönsten Stadtteilen. Die besondere Architektur, unzählige Restaurants und Bistros erzeugen den typischen Charme von Paris. Im zentralen Batignolles-Viertel erlebst Du zudem die typische, authentische Pariser Bohème-Atmosphäre.

Das berühmte Kabarett Moulin Rouge ist hier seit 1889 zu finden. Als Wahrzeichen ragt die Basilika Sacré-Cœur über diesen als 18. Arrondissement bekannten Stadtteil. Von den Treppen aus hast Du einen hervorragenden Ausblick über Paris.

MUST-KNOWS ÜBER PARIS

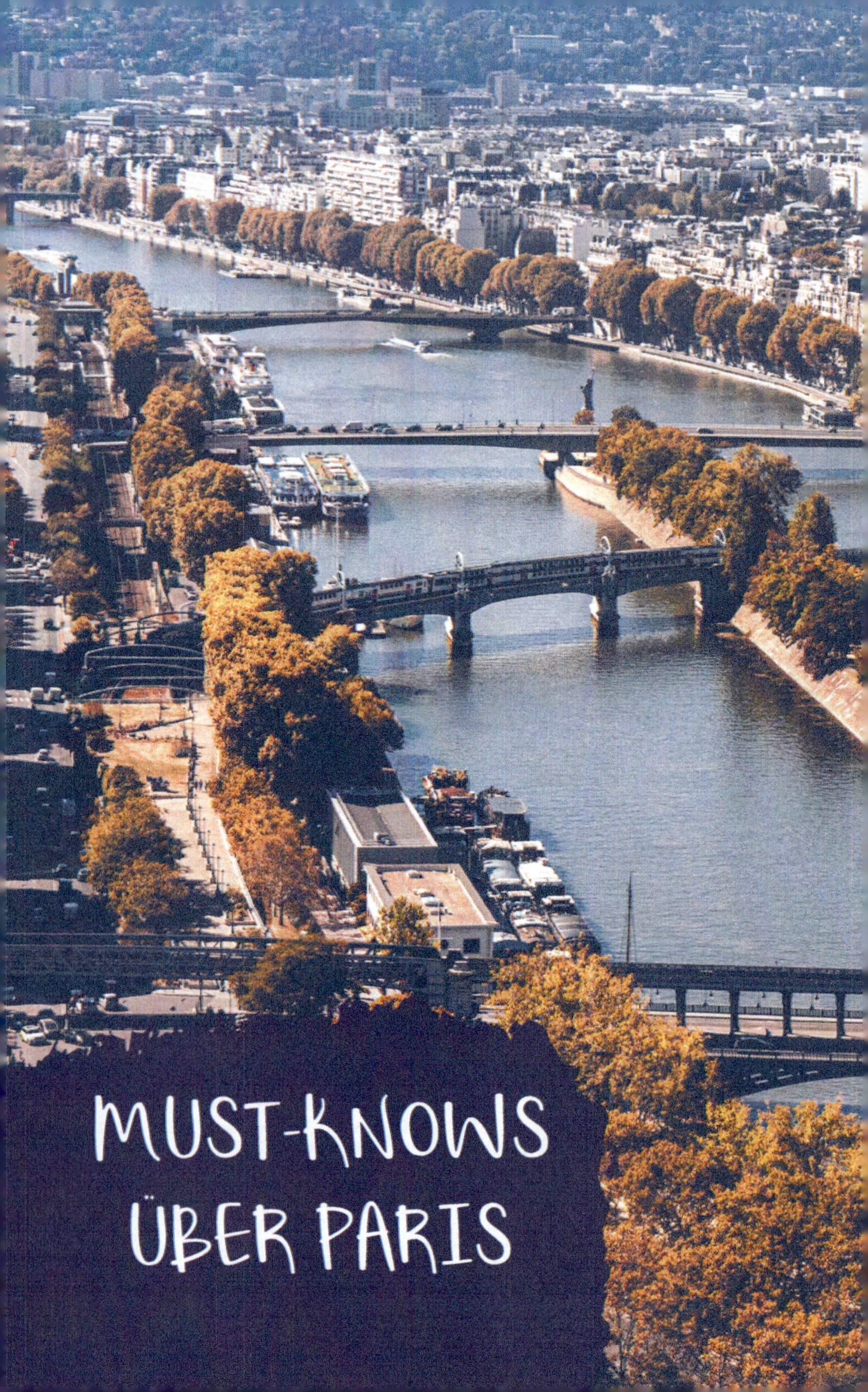

Bist Du bereit für Dein unvergessliches, urbanes Abenteuer durch die Stadt Paris? Hier haben wir für Dich die wichtigsten Dinge, die Du vor Deinem Besuch wissen solltest.

SPRACHE & DIALEKTE

Das Pariser Französisch gilt als das weltweit gesprochene Standardfranzösisch. Dein Schulfranzösisch kannst Du also in Paris anwenden und die Wahrscheinlichkeit, dass Dir die Aussprache vertraut vorkommt, ist hoch. Die Franzosen freuen sich, wenn Reisende sie mit „Bonjour“ begrüßen. Es wird aber auch ohne Probleme Englisch verstanden und gesprochen.

WÄHRUNG & BEZAHLUNG

Der Euro ist die Landeswährung und Debit- und Kreditkarten werden fast überall akzeptiert. Auch die Bezahlung mit dem Handy breitet sich aus, trotzdem solltest Du etwas Bargeld mitnehmen.

SICHERHEIT & KRIMINALITÄT

Im Vergleich zu anderen Metropolen ist Paris eine der sichersten Großstädten. Das Risiko von Raubüberfällen ist gering, aber Taschendiebstahl kommt vor. Es gelten die gleichen Verhaltensregeln wie überall.

MOBILES INTERNET & WLAN

Kostenloses WiFi in Paris ist an über 260 öffentlichen Orten verfügbar. Einwohner und Touristen erhalten so gratis Internet. Abseits der WiFi-Spots kannst Du natürlich auch mobiles Internet auf Deinem Handy nutzen. Dies kostet Dich übrigens durch EU-Roaming nicht mehr als in Deutschland oder in Österreich.

KLIMA & WETTER

Alle vier Jahreszeiten bringen in Paris größtenteils gemäßigtes Wetter mit sich. Extreme Kälte oder Hitze sind die Ausnahme, Regen jedoch nicht. Im Laufe eines Tages kann es das ganze Jahr über immer wieder zu Schauern kommen, auf die Du vorbereitet sein solltest. Abends kühlt es auch im Sommer merklich ab.

BESTE REISEZEIT

Der Frühling (April und Mai) und der Herbst (September und Oktober) sind ideal für einen Besuch in Paris. Das Wetter ist dann angenehm und die Gästezahlen niedriger als in der Hochsaison im Sommer. Im August ist Paris am meisten überlaufen mit Touristen.

ESSEN & SPEZIALITÄTEN

Dich erwarten überall erstklassige Speisen und ein gehobenes Ambiente. Wein gehört zu jedem Essen. Verlockende Boulangeries (Bäckereien) und Fromageries (Käseläden) bieten Croissants, Baguette, Brie, Camembert und andere französische Spezialitäten.

AUSGABEN & SPARTIPPS

1. Paris ist für vieles bekannt, allerdings nicht für günstige Preise. Du hast dennoch Möglichkeiten, Deine Reisekasse zu schonen.
2. Der kostenlose Anblick der Eiffelturm-Lichtshow ist nicht weniger eindrucksvoll als die teure Fahrt mit dem Aufzug auf seine Spitze.
3. Preisbewusste Reisende profitieren von der ruhigen Atmosphäre und den niedrigeren Preisen im Winter.

DIE 15 WICHTIGSTEN SEHENSWÜRDIGKEITEN

Paris ist voller atemberaubender Sehenswürdigkeiten, die Du unmöglich alle in Deinem Leben gesehen haben kannst. Die wichtigsten 15 haben wir hier für Dich übersichtlich zusammengestellt.

(TOUR 14) MUSÉE D'ORSAY

Tausende Werke wie Gemälde beherbergt dieses Museum. Zu den Ausstellungsstücken zählen unter anderem ein Selbstbildnis von Vincent van Gogh und Claude Monets „Mohnfeld bei Argenteuil".

erlebn.is/museeorsay

Di-So 09:30-18:00 Uhr
13,00 - 16,00 Euro

NOTRE-DAME DE PARIS (TOUR 9)

Nicht nur durch den Roman von Victor Hugo über den Glöckner ist die Notre-Dame bekannt. Die Kirche im gotischen Stil wurde bereits im Mittelalter gebaut. Als sie 2019 brannte, war die ganze Welt schockiert.

erlebn.is/notredame

durch den Brand noch geschlossen

(TOUR 9) SAINTE-CHAPELLE

Die prächtige Kirche entstand im 13. Jahrhundert und ist etwa 42 Meter hoch. Im Innenraum des zweistöckigen Bauwerks kannst Du unter anderem die großen und bunten Kirchenfenster betrachten.

Mo-So 09:00-19:00 Uhr
9,50 - 11,50 Euro

erlebn.is/saintechapelle

PALAIS GARNIER (TOUR 19)

Ähnlich wie Notre-Dame mit seinem Glöckner ist der Palais auch der Schauplatz einer weltberühmten Erzählung. Hier spielt die Geschichte vom Phantom der Oper. Es ähnelt in vielerlei Hinsicht einem prachtvollen Palast.

Mo-So 10:00-18:00 Uhr
10,00 - 14,00 Euro

erlebn.is/palaisgarnier

EIFFELTURM (TOUR 8)

Der 330 Meter hohe Eiffelturm ist sicherlich das bekannteste Wahrzeichen der Stadt. Auf der Spitze befinden sich einige Wachsfiguren, darunter die von Gustave Eiffel, der die beliebte Sehenswürdigkeit erbaute.

Mo-So 09:30-22:30 Uhr
2,70 - 20,40 Euro
erlebn.is/eiffelturm

(TOUR 14) MUSÉE DE L'ORANGERIE

Zu den bekanntesten Stücken des Museums gehören die acht großen Gemälde von Claude Monet, die Seerosen zeigen. Überdies findest Du hier Arbeiten von Pablo Picasso, Paul Cézanne, Henri Matisse und Alfred Sisley.

erlebn.is/museeorangerie
Mo sowie Mi-So von 09:00-18:00 Uhr
10,00 - 12,50 Euro

ARC DE TRIOMPHE (TOUR 8)

Er ist wohl einer der absoluten Mittelpunkte der Metropole. Du findest hier Inschriften, die Namen hunderter Personen aus dem französischen Militär sowie siegreiche Schlachten Frankreichs auflisten.

Mo-So 10:00-22:30 Uhr
13,00 Euro
erlebn.is/arctriomphe

(TOUR 14) LOUVRE

Die Sammlung des Louvre besteht aus hunderttausenden Werken, von denen nur einige zehntausend ausgestellt sind – zu den bekanntesten gehört die Mona Lisa.

erlebn.is/louvre
Mo sowie Mi-So von 09:00-18:00 Uhr
17,00 Euro

(TOUR 1) JARDIN DU LUXEMBOURG

Der wunderschöne, grüne Park ist zugleich auch Sitz für den Senat. In dem Park gibt es mehrere Brunnen, primär dürfte bei einem Besuch aber das zentrale Wasserbecken in der Mitte des Gartens auffallen.

erlebn.is/jardinlux

tägliche Öffnungszeiten abhängig von Sonnenauf- und untergang

keine Eintrittspreise

SACRÉ-CŒUR (TOUR 20)

Durch ihre Lage auf dem Hügel Montmartre liegt die Basilika Sacré-Cœur erhoben auf 130 Meter Höhe und bietet schon von ihren Treppen aus einen eindrucksvollen Panoramablick über Paris.

Mo-So 10:00-19:00 Uhr

4,00 - 6,00 Euro

erlebn.is/sacrecoeur

(TOUR 14) MUSÉE RODIN

Dieses Museum umfasst Arbeiten des Künstlers Auguste Rodin. Zahlreiche Skulpturen von Rodin können in einem schönen Garten bewundert werden. Zu den ausgestellten Werken in der Anlage gehören unter anderem „Der Kuss" und „Der Denker".

erlebn.is/museerodin

Di-Sa 10:00-18:30 Uhr

13,00 Euro

PANTHÉON (TOUR 16)

Ursprünglich als Kirche gedacht, dient es jetzt als Ruhestätte für Berühmtheiten aus der französischen Geschichte. In der Krypta findest Du unter anderem die Gräber von Marie Curie und ihrem Mann Pierre.

Mo-So 10:00-18:00 Uhr

11,50 Euro

erlebn.is/pantheon

MUSÉE MARMOTTAN MONET (TOUR 14)

Viele Werke des bedeutenden französischen Künstlers Claude Monet sind in diesem Museum ausgestellt. Neben Monet kannst Du Dir auch Exponate von anderen Künstler*innen anschauen.

Di-So 10:00-18:00 Uhr
8,50 - 12,00 Euro

erlebn.is/
museemonet

(TOUR 2) JARDIN DES TUILERIES

Zu einem schönen und ausführlichen Spaziergang lädt dieser Garten ein. Neben Bäumen, Blumen und anderen prachtvollen Pflanzen findest Du im Park mehrere wunderschöne Wasserbecken mit Springbrunnen.

erlebn.is/
jardintuileries

Mo-So 07:00-21:00 Uhr
keine Eintrittspreise

MUSÉE DE L'ARMÉE (TOUR 19)

Zu den Werken des Armeemuseums gehören hunderttausende Stücke wie Pistolen und andere Waffen, Uniformen, Abzeichen, Kanonen, Rüstungen und mehr. Aber auch Fotografie kannst Du hier betrachten.

Mo-So 10:00-18:00 Uhr
11,00 - 14,00 Euro

erlebn.is/
museearmee

erlebn.is/
paris-sehenswert

Wenn Du mehr über die besten Sehenswürdigkeiten in Paris lernen möchtest, scanne den nebenstehenden QR-Code und Du erfährst mehr auf unserer Webseite!

MEHR INFOS

ANKOMMEN IN PARIS

Mit dem Zug, dem Flugzeug oder doch mit dem Auto? Hier erfährst Du, wie Du nach Paris kommst. Kleiner Tipp vorab: Schone die Umwelt und reise mit dem Zug!

ANREISE MIT DEM FLUGZEUG

In Paris gibt es zwei Flughäfen: Charles de Gaulle (CDG) im Norden und Orly (ORY) im Süden. Internationale Flüge werden von CDG aus durchgeführt, während ORY europäische Verbindungen bedient. Beide Flughäfen sind gut an das öffentliche Verkehrsnetz angeschlossen.

ANREISE MIT DEM AUTO & VAN

Frankreich verfügt über ein gut ausgebautes Netz mautpflichtiger Autobahnen. In der Regel ziehst Du ein Ticket, wenn Du auf die Autobahn auffährst, und bezahlst bei der Ausfahrt. Die Gebühren können an den Mautstellen mit Kreditkarte oder bar bezahlt werden.

ANREISE MIT DEM ZUG

Der verkehrsreichste Bahnhof Europas ist der Pariser Bahnhof Gare du Nord, auch Paris-Nord genannt. Hier kommen die TGV-, ICE- und Thalys-Züge aus Belgien und Deutschland an. Zusätzlich verkehren hier an diesem Bahnhof viele nationale Züge, sodass immer viel Betrieb herrscht.

ANREISE MIT DEM BOOT

Da Paris im Landesinneren liegt, kommst Du nur schwer und auf langem Weg mit dem Boot nach Paris. Zwar gibt es genügend Binnengewässer, die Dich nach Paris bringen, aber Paris selbst hat nur eine Marina, der Port de l'Arsenal, der keine Reservierungen annimmt und eigentlich immer ausgebucht ist.

PARKEN IN PARIS

Kostenlos parken kannst Du in Paris mittlerweile nirgends mehr. Wenn Du mit dem Auto anreist, rechne mit hohen Parkgebühren. Am Stadtrand ist es günstiger als im Zentrum. Du kannst auch einen günstigen Parkplatz in der Nähe Deiner Unterkunft online vorab reservieren.

STATUSSYMBOL VS. GEBRAUCHSGEGENSTAND

Die Franzosen lieben ihre Autos nicht so sehr wie die Deutschen. Wenn es beim Parken mal einen Kratzer gibt, ist dies für Franzosen keine Tragödie, da sie das Auto als Gebrauchsgegenstand sehen. Wenn Du Dein Auto auf der Straße parkst, kann es also durchaus Schaden nehmen.

WO DU ÜBERALL PARKEN KANNST

Auf den Pariser Straßen ist Parken nur auf mit weißer Umrandung gekennzeichneten Parkplätzen erlaubt. Diese sind tagsüber kostenpflichtig. Am besten ist Dein Auto in einem Parkhaus oder in einer Tiefgarage aufgehoben. Riskiere es auf keinen Fall, abgeschleppt zu werden, weil Dein Auto im Parkverbot steht. Dies kann teuer werden!

MIT DEM AUTO NACH PARIS: EINE GUTE IDEE?

Parken kann das nervigste Thema Deiner ganzen Paris-Reise sein, wenn Du Dir nicht vorher einen Parkplatz sicherst. Hinzukommen horrende Gebühren fürs Parken. Fest steht, wer andere Transportmittel als das Auto auswählt, spart sicherlich Zeit, Geld und Nerven.

erlebn.is/
paris-parken

MEHR INFOS

MOBILITÄT IN PARIS

MIT DEM AUTO DURCH PARIS

Mit einem Auto kommst Du in Paris schnell von A nach B. Wenn Du aber die Zeit dazu rechnest, die Du mit der Parkplatzsuche verbringst, dauert die Fahrt länger als mit der Métro oder dem Rad. Taxis lösen das Parkproblem zwar, sind aber ein Kostenfaktor, da schon die Grundgebühr 7,00 Euro beträgt. Wenn Du mit dem Auto nach Paris kommst, ist es entspannter, etwas außerhalb zu parken und in Paris auf andere Verkehrsmittel zurückzugreifen.

ZU FUSS DURCH PARIS

Nichts ist schöner als ein Spaziergang durch die Pariser Boulevards und Gassen. Viele Sehenswürdigkeiten liegen nur wenige hundert Meter auseinander, sodass Du sie gut zu Fuß erreichen kannst. Die Orientierung ist einfach, da Du Dich gut an der Seine und den von Weitem sichtbaren Baudenkmälern ausrichten kannst. Wir empfehlen bequeme Schuhe beim Spazieren und Flanieren durch Paris.

MIT BUS & TRAM DURCH PARIS

Erlebe Paris wie ein Einheimischer mit der Métro. Mehrere Linien durchziehen die Stadt, und alle wichtigen Sehenswürdigkeiten erreichst Du von mindestens einer Station aus bequem zu Fuß. Die Métro, Busse und Regionalzüge ermöglichen es Dir, jeden gewünschten Ort zu erreichen. Die öffentlichen Verkehrsmittel in Paris sind deshalb definitiv die effizienteste und kostengünstigste Option, Paris zu erkunden. In den Zügen vermischen sich Touristen, Berufspendler und Schulkinder, sodass Du einen Einblick in das Leben der Bewohner*innen erhältst.

WIE KOMME ICH AN TICKETS?

Der Ticketkauf für den öffentlichen Nahverkehr findet am Ticketautomaten statt, die Du an allen Haltestellen in Paris findest. Dort bekommst Du sowohl Einzelfahrscheine als auch die Tageskarte „Paris Visite travel pass“.

An den Bahnhöfen gibt es auch Ticketschalter mit Verkaufspersonal, und Busfahrer verkaufen auch Fahrscheine. Die Tageskarte ist personengebunden und nicht übertragbar.

Der modernste Weg zur Fahrkarte ist heute das Herunterladen der Bonjour RATP App auf Deinem Smartphone. Damit kannst Du nicht nur Deine Tickets bargeldlos kaufen, sondern hast auch immer alle Informationen zu den Fahrplänen griffbereit auf Deinem Handy. Die Vélib' Fahrräder können ebenfalls über diese App gefunden und ausgeliehen werden, falls Du noch flexibler unterwegs sein möchtest.

MIT DEM FAHRRAD DURCH PARIS

Das Fahrrad ist das ideale Fortbewegungsmittel, um Paris zu erkunden. Über 600 Kilometer gut ausgebaute Fahrradwege sorgen für entspanntes Radeln im Pariser Großstadtverkehr. Das Fahrradverleihsystem Vélib' stellt 20.000 Fahrräder in der ganzen Stadt zur Verfügung. Dadurch ist das Ausleihen und die Rückgabe überall und jederzeit möglich. Die Preise fangen bei 1,00 Euro für eine halbe Stunde an.

MIT DEM E-SCOOTER DURCH PARIS

Du kannst kurze Strecken zwischen Sehenswürdigkeiten gut mit E-Scootern zurücklegen. Beachte unbedingt, dass es in Paris verboten ist, mit dem E-Scooter auf dem Bürgersteig zu fahren. Wenn Du die Radwege benutzt, sind die Roller bei gutem Wetter eine coole Möglichkeit preisgünstig und schnell durch die City zu sausen.

MEHR INFOS

erlebn.is/
paris-mobilitaet

GEPÄCKAUFBEWAHRUNG

Du möchtest Dich nach Deiner Ankunft direkt mitten ins Pariser Stadtleben stürzen, aber weißt nicht, wohin mit Deinem Gepäck? Dein Hotel liegt nicht zentral und Du kannst erst am Nachmittag einchecken, kommst aber schon morgens an? Dieses Problem hatten Reisende schon immer, was dazu geführt hat, dass zahlreiche Schließfächer aufgestellt wurden. An den Bahnhöfen sind oft alle Fächer belegt, weil sie preisgünstig sind. Sie können jedoch nicht reserviert werden. Zusätzlich zu den traditionellen Schließfächern an allen großen Bahnhöfen gibt es in Paris auch moderne Alternativen. Anbieter wie City Locker, Nannybag und Stasher gibt es an den meistfrequentierten Orten, so auch am Eiffelturm. Die Gepäckaufbewahrung hilft Dir, den An- und Abreisetag voll auszukosten, ohne Dich um Dein Gepäck sorgen zu müssen.

SCHLIESSFÄCHER AM BAHNHOF GARE DE LYON

In Halle drei des Bahnhofs Gare de Lyon stehen Schließfächer in verschiedenen Größen zur Verfügung. Die ersten 24 Stunden kosten 5,50 Euro für ein kleines Fach. An diesem wichtigen Verkehrsknotenpunkt ist es nicht immer leicht, ein freies Fach zu ergattern.

SCHLIESSFÄCHER AM CENTRE POMPIDOU

Besucher*innen des Centre Pompidou dürfen keine großen Gegenstände mitführen. Diese können in der hauseigenen Gepäckaufbewahrung abgegeben werden. Wie überall im Pariser Stadtgebiet gibt es Stationen von Anbietern wie Nannybag in der Nähe des Centre Pompidou. Dies sind meist Restaurants und Hotels, die Gepäckaufbewahrung anbieten. Los geht's bei 6,00 Euro pro Tag.

GEPÄCKAUFBEWAHRER WIE CITY LOCKER

Per Smartphone kannst Du ein Schließfach an einem der fünf Standorte von City Locker reservieren. Du erhältst einen Code per SMS, mit dem Du den Locker öffnen kannst. Die Bezahlung erfolgt auch über Dein Handy. Die Preise starten bei 12,00 Euro pro Tag.

MEHR INFOS

erlebn.is/
paris-gepaeck

ÖFFENTLICHE TOILETTEN

In Paris stehen insgesamt über 750 öffentliche Toiletten zur kostenlosen Verfügung. Seit der Errichtung des weltweit ersten Pissoirs in Paris im Jahr 1865 hat sich die Zahl bis 1930 auf über 1.200 in Paris erhöht. Die Benutzung ist zudem immer kostenlos.

HIER FINDEST DU TOILETTENHÄUSCHEN

An allen stark frequentierten Orten gibt es, insbesondere für Männer, die Möglichkeit sich schnell, unkompliziert und kostenlos zu erleichtern. 300 öffentliche Toiletten und Urinale gibt es allein in den Pariser Stadtparks und Gärten, weitere 34 entlang des Ufers der Seine. Wie damals bei den ersten Pissoirs ist Paris heute weltweit ein Vorreiter in Sachen öffentliche Toiletten. Die 435 sogenannten Sanisetten sind die moderne und für alle Menschen geeignete Variante des Urinals. Von der Tür bis zur Reinigung funktioniert alles automatisch und mit so wenig Kontakt wie möglich. Diese hochmodernen Toilettenhäuschen nutzen zum Teil Regenwasser, und nach jeder Benutzung werden der Boden und das WC gründlich gereinigt, getrocknet und desinfiziert. Der Raum ist im Winter beheizt, verfügt über einen Spiegel, einen Trinkwasserbrunnen und es gibt sogar dezente Hintergrundmusik.

Die Stadt Paris stellt eine kostenlose App mit aktuellen Angaben zu den Toiletten zur Verfügung. Aufgrund der hohen Dichte an öffentlichen WCs findest Du aber auch allein immer schnell eine kostenlose und saubere Toilette.

erlebn.is/
paris-wc

DIE PARISER UMGEBUNG

Paris bezaubert seine Gäste mit zahllosen Attraktionen und Sehenswürdigkeiten. Aber auch die nähere Umgebung bietet so einiges für einen perfekten Tagesausflug.

VERSAILLES

Das berühmteste Schloss Frankreichs wurde Mitte des 17. Jahrhunderts vom Sonnenkönig Ludwig XIV. auf dem Höhepunkt seiner Macht gebaut. Das Barockschloss liegt 25 Kilometer südwestlich des Zentrums von Paris, mitten im Grünen. Scheinbar endlose Gärten mit Teichen und Brunnen wurden von berühmten Landschaftsarchitekten angelegt, die dafür Hügel planierten, Sümpfe trocken legten und Wälder verpflanzten. Von 1682 bis zur Französischen Revolution von 1789 war Versailles Sitz des prunkvollen königlichen Hofes und die politische Hauptstadt Frankreichs. Ludwig XVI. und seine Frau Marie Antoinette wurden von hier aus zu ihrer Hinrichtung nach Paris gebracht, wo sie öffentlich guillotiniert wurden.

ANFAHRT

Mit dem RER-Zug erreichst Du Versailles von Paris aus in weniger als 60 Minuten. Die Züge fahren alle fünf Minuten und die Fahrt kostet unter 4,00 Euro. Versailles liegt in Zone vier der Métro und damit außerhalb der Gültigkeit der T+ Karten.

ENTFERNUNG

25 km

BARBIZON

Das südlich von Paris gelegene Dorf Barbizon verdankt seine Berühmtheit den Malern Rousseau, Corot und Millet. Die von ihnen geprägte Schule von Barbizon (1830 bis 1875) gilt als Wegbereiter des französischen Impressionismus. Im gleichnamigen Museum erfährst Du vor Ort alles über die Kunstschaffenden und ihren bedeutenden Einfluss auf die französische Kunst. Bei einem Spaziergang durch das blühende Dorf im Frühling oder Sommer kannst Du zudem viele Eindrücke sammeln. Die Fotos, die Du in Barbizon aufnimmst, werden wie eine Zeitreise in die Epoche des Impressionismus sein.

ANFAHRT

Die Zugfahrt von Paris nach Barbizon dauert mit SNCF zwei Stunden, während die gleiche Strecke mit dem Auto nur 40 Minuten dauert.

ENTFERNUNG

60 km

FONTAINEBLEAU

Die südöstlich von Paris gelegene Stadt Fontainebleau hat sich um das gleichnamige Prachtschloss herum entwickelt. Es ist eines der am schönsten dekorierten Schlösser und umfasst über 1.500 Zimmer. Jeder Quadratzentimeter ist mit Holzvertäfelungen, Schnitzereien, Fresken, Wandteppichen und Gemälden reich verziert. Du findest hier eine hohe künstlerische Vielfalt, sodass dies dem Palast und auch dem Park von Fontainebleau die Auszeichnung als UNESCO-Weltkulturerbe einbrachte. Die Stadt Fontainebleau ist ruhiger und weniger überlaufen als Versailles.

ANFAHRT

Vom Gare du Lyon bis nach Fontainebleau dauert die Zugfahrt 45 Minuten. Die Züge fahren tagsüber alle 20 Minuten. Vor Ort in Fontainebleau erreichst Du die Sehenswürdigkeiten dann mit Linienbussen.

ENTFERNUNG 70 km

GIVERNY

Das Wort „malerisch" erhält in Giverny, einem winzigen Dorf, nordwestlich von Paris, eine völlig neue Bedeutung. Als Heimat des berühmten Impressionisten Monet, der von 1883 bis zu seinem Tod 1926 in Giverny lebte, inspirierte es ihn für viele seiner Gemälde. Der Seerosenteich vom gleichnamigen Meisterwerk befindet sich dort im Wassergarten seines Hauses Maison et Jardins de Claude Monet, das heute ein Museum ist. Die ikonische japanische Brücke, die mit violetten Glyzinien bewachsen ist und den Seerosenteich überspannt, ist heute ein beliebtes Fotomotiv. Die Gärten sind gepflegt und ziehen jeden Sommer viele Gäste an, nicht nur Liebhaber*innen des Impressionismus.

ANFAHRT

Da Giverny ein kleines Dorf auf dem Land ist, ist die Anbindung an öffentliche Verkehrsmittel suboptimal. Mit dem Zug oder Bus bist Du über zwei Stunden unterwegs, während Du mit einem Auto weit weniger als eine Stunde benötigst.

ENTFERNUNG

75 km

PROVINS

Die Gemeinde Provins liegt südöstlich von Paris und ist die ehemalige Hauptstadt der Grafen der Champagne. Sie gehört als ehemaliges Handelszentrum zum UNESCO-Weltkulturerbe. Die Stadtanlage mit ihren mittelalterlichen Wohn-, Handels- und Lagerhäusern, Gewölben und Kellern sind gut erhalten. Die Stadt Provins ist für das unzerstörte Verteidigungssystem bekannt, das zum Schutz der Märkte errichtet wurde. Besonders der mächtige Tour César thront seit dem 12. Jahrhundert schützend über den Stadtmauern. In den unterirdischen Gewölbekellern wurden große Mengen Güter sicher zwischengelagert.

ANFAHRT

Vom Pariser Gare de l'Est fahren Züge von RER und SNCF stündlich nach Provins. Die Fahrt dauert 1,5 Stunden und kostet 20,00 Euro. RER-Busse brauchen genauso lange, kosten aber nur den halben Preis.

ENTFERNUNG

90 km

AMIENS

Gleich zwei der insgesamt 41 UNESCO-Weltkulturerbestätten Frankreichs kannst Du bei einem Ausflug in die Stadt Amiens bewundern. Nördlich der Hauptstadt stehen dort die größte gotische Kathedrale Frankreichs und ein 52 Meter hoher Glockenturm, der Beffroi d'Amiens. Die Kathedrale von Amiens, auch bekannt als Notre Dame d’Amiens, ist berühmt für ihre hoch aufragenden gotischen Bögen und ihren riesigen Innenraum. Zusätzlich zu den UNESCO-Stätten gibt es in Amiens über 50 weitere Sehenswürdigkeiten zu entdecken. Darunter sind das interessante Jules-Verne-Haus und das direkt an der Somme gelegene Viertel St-Leu.

ANFAHRT

Vom Pariser Nordbahnhof aus fahren SNCF-Züge in einer Stunde nach Amiens. Die Fahrt kostet 25,00 Euro. Bei einer Autofahrt musst Du mit zwei Stunden Fahrzeit rechnen.

ENTFERNUNG

160 km

WICHTIGE FESTE RUND UMS JAHR

Von Neujahr über die Techno-Parade und das Ganesh-Fest bis zum Tag der Arbeit feiern die Pariser ihre Werte, Schlachten und Freuden. Die perfekte Gelegenheit, einen geselligen Moment zu verbringen.

LE PALAIS DES CONGRÈS DE PARIS

JAN - DEC

Der Palais des Congrès ist ein großes Geschäfts-, Kongress- und Veranstaltungszentrum in Paris. Es befindet sich am nordwestlichen Stadtrand von Paris, nahe dem Bois de Boulogne und Neuilly-sur-Seine. Zum gleichen Komplex wie das Kongresszentrum gehört auch ein markantes Hotelhochhaus. Der Palais des Congrès ist in erster Linie ein bedeutendes Geschäftszentrum mit Geschäften, Lounges, Restaurants, Tagungsräumen und Ausstellungsflächen. Viele internationale Veranstaltungen und Events finden hier regelmäßig statt, die jährlich über eine Million Gäste anlocken. In den vier Sälen des riesigen Kongresszentrums können tagsüber Versammlungen stattfinden und am gleichen Abend Musik- und Tanzveranstaltungen. Acht Ausstellungshallen und über 20 Konferenzsäle gehören zum Palais de Congrès de Paris. Eine Einkaufspassage rundet das vielfältige Angebot des Zentrums ab.

MARATHON DE PARIS: DER PARISER MARATHON

Der weltweit zweitgrößte Stadtmarathon führt mitten durch das Herz von Paris und ist eine der Hauptveranstaltungen der Stadt. Der Start befindet sich auf den Champs-Élysées und das Ziel auf der Avenue Foch. Entlang der schönen Strecke hast Du viele Möglichkeiten, das Rennen zu beobachten, da es durch die komplette Stadt führt. Die Athleten laufen vom Triumphbogen zum Place de la Concorde und kommen am Louvre sowie am Bois de Vincennes vorbei. Entlang der Seine geht es dann zurück in das Stadtzentrum. Seit 1976 findet der Paris-Marathon in der heutigen Form an einem Sonntag im April statt und es nehmen jährlich rund 50.000 Läuferinnen und Läufer teil.

APR

erlebn.is/parismarathon

FRENCH OPEN: 2. GRAND-SLAM-TENNISTURNIER

Die French Open sind eines der prestigeträchtigsten Tennisturniere der Welt. Das Turnier ist das zweite Grand-Slam-Turnier der jährlichen insgesamt vier Turniere und wird über zwei Wochen hinweg in der zweiten Maihälfte ausgetragen. Hier treffen sich die weltweit besten Tennisspieler, sowohl die Damen als auch die Herren. Die French Open werden im Stade Roland-Garros in Paris ausgetragen und werden daher häufig einfach Roland Garros genannt. Sie sind das wichtigste Tennisturnier auf Sandplätzen. In den ersten Runden, bei denen auch Weltklassespieler dabei sind, gibt es moderate Ticketpreise ab 40,00 Euro. Eintrittskarten für die Halbfinalspiele und das Endspiel kosten aber ein Vielfaches davon.

erlebn.is/frenchopen

MAY - JUN

SOLIDAYS: FEST ZUR BEKÄMPFUNG VON AIDS

Das französische Musikfestival Solidays findet jedes Jahr Ende Juni auf der Pferderennbahn Longchamp in Paris statt. Über 150 Kunstschaffende sowie 170.000 Gäste kommen über das Wochenende zusammen. Die Bands spielen auf neun verschiedenen Bühnen. Neben den Konzerten gibt es bei den Solidays auch interessante Vorträge und Ausstellungen zum Thema HIV, einen Jahrmarkt und Frankreichs größtes Farbenfestival. Organisiert wird das Festival seit 1999 von Solidarité sida, einer bekannten Organisation, die sich für die Bekämpfung von HIV/AIDS einsetzt. Die Einkünfte werden an Hilfsorganisationen gespendet, die sich in Afrika für die Bekämpfung von HIV/AIDS einsetzen. Viele dieser Organisationen stellen sich im „Village des Associations“ den Festival-Feiernden vor, sodass diese nachvollziehen können, wo ihr Geld hinfließt und was die Organisation bisher alles erreicht hat.

FÊTE NATIONALE DU 14 JUILLET: FRANZÖSISCHER NATIONALFEIERTAG

Gleich zwei bedeutende Ereignisse der französischen Geschichte werden am Nationalfeiertag, dem 14. Juli, gefeiert: zum einen der Sturm auf die Bastille im Jahr 1789 und zum anderen das erste Föderationsfest von 1790. Eine große Parade der Truppen auf den Champs-Élysées in Paris ist der Höhepunkt der öffentlichen Festlichkeiten. Sie beginnt um zehn Uhr. Zuvor zieht die Patrouille de France vorbei und der Präsident der Republik inspiziert die bewaffneten Einheiten.

Das große Feuerwerk findet abends in der Nähe des Eiffelturms statt und wird vom Trocadéro, der Pont d'Iéna und dem Eiffelturm abgefeuert. Das Spektakel ist ein einzigartiges Erlebnis und zieht jedes Jahr bis zu einer Million Gäste an.

erlebn.is/fetenationale

JUL

ROCK EN SEINE: OPEN-AIR-MUSIKFESTIVAL

Bis zu 120.000 Festivalfeiernde werden jedes Jahr beim französischen Festival Rock en Seine, das seit 2003 stattfindet, erwartet. Am letzten Augustwochenende findet jedes Jahr eines der größten Rockfestivals Europa in einem wunderschönen Park im Westen von Paris statt. An drei Tagen spielen im historischen Domaine national de Saint-Cloud mehr als 50 Bands und Musizierende auf fünf Bühnen. Der Park liegt direkt am Ufer der Seine. Bei dem Namen handelt es sich um ein Wortspiel, denn Scène (= Bühne) und Seine (der Fluss) werden auf Französisch fast gleich ausgesprochen. So bedeutet Rock en Seine sowohl „Rock auf der Bühne" als auch „Rock an der Seine". Jedes Jahr treten die angesagtesten Bands auf, von großen Stars bis hin zu Newcomer*innen.

AUG

erlebn.is/
rockenseine

PARIS TECHNO PARADE

Die Pariser Techno-Parade ist Teil der Love-Parade Bewegung, bei der Technomusik mit Festwagen und Menschenmengen zu einer Party in den Straßen der Großstädte verschmelzen. Die Pariser Love-Parade findet seit 1998 jährlich im September statt und ist heute ein fester Bestandteil des Pariser Kulturlebens. Schätzungsweise eine halbe Million Menschen strömen dabei auf die Straßen, um zuzuschauen und mitzufeiern. Die kostenlose Parade besteht aus rund 20 Wagen mit 150 Künstler*innen. Weltbekannte DJs treten sowohl auf den Wagen als auch entlang der Strecke auf. Die Musik ist ein bunter Mix aus Trance, Electro und House. Während der Techno-Parade sind die Pariser Straßen voll mit feiernden jungen Leuten.

erlebn.is/technoparade

SEP

PARIS PHOTO: FACHMESSE DER FILMKUNST

Jedes Jahr im November findet im Herzen von Paris, im Grand Palais Ephémère, auf dem Champ de Mars die Paris Photo statt. Sie ist die bedeutendste internationale Kunstmesse, die speziell der Fotografie gewidmet ist. Seit 1997 verfolgt die Messe das Ziel, Galerien, Verleger*innen und Fotograf*innen zu unterstützen. Weit über 100 internationale Ausstellende kommen auf der Paris Photo zusammen und bieten die derzeit vielfältigste und qualitativ hochwertigste Präsentation von Fotoprojekten. Renommierte Galerien präsentieren sowohl geschichtsträchtige als auch moderne Werke von aufsteigenden Jungstars. Die Messe präsentiert neuerdings einen innovativen Online Viewing Room, der parallel zur Paris Photo eingerichtet wurde.

NOV

erlebn.is/parisphoto

20 TOUREN IN UND UM PARIS

Paris ist eine riesige Stadt voller Überraschungen. Wo sollst Du da nur anfangen? Wir haben für Dich 20 Touren erstellt, damit Du diese wunderbare Stadt auf eine ganz besondere Art kennenlernen kannst.

PARIS: DIE HAUPTSTADT FRANKREICHS

Egal, ob Du das erste Mal in Paris bist oder immer wieder hierherkommst. Es gibt immer was zu erleben! Um Dir das Leben ein wenig zu erleichtern, haben wir 20 Touren in und um Paris herum erstellt. Zwei der 20 Touren finden im direkten Umland zu Paris statt – nämlich in den Regionen Normandie und Île-de-France, während die übrigen 18 Touren sich direkt in Paris abspielen. Paris liegt übrigens auch in der Region Île-de-France, die jedoch weit mehr als nur die Hauptstadt Frankreichs beherbergt – ähnlich vergleichbar wie mit der Stadt New York, die im Bundesstaat New York liegt.

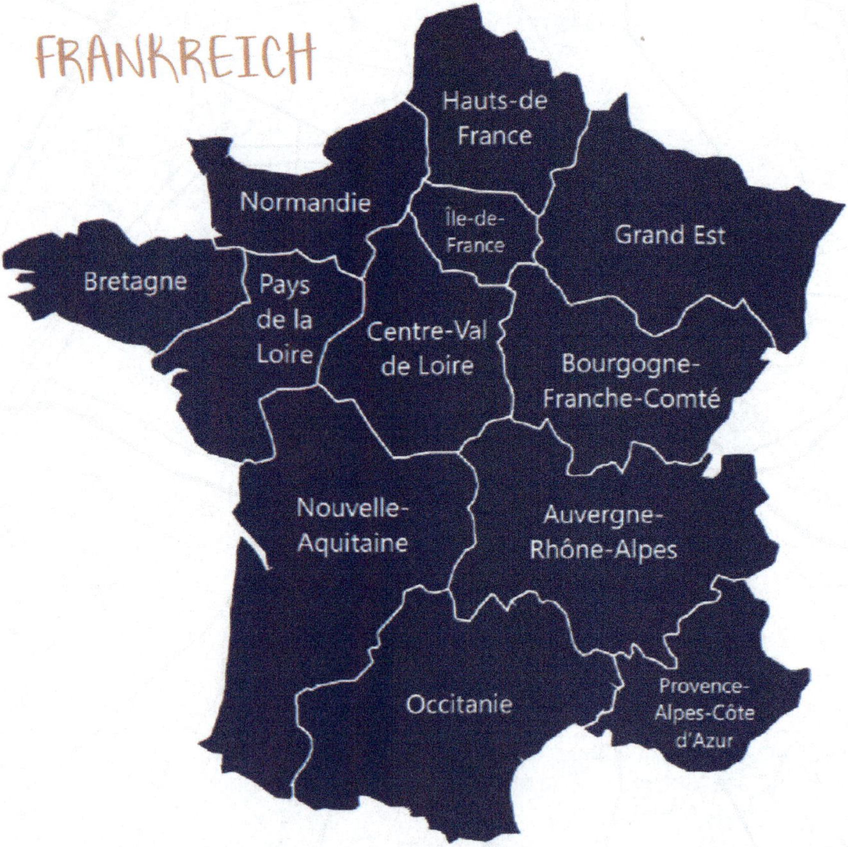

DIE REGIONEN FRANKREICHS IN DER ÜBERSICHT

GRAND EST

Chic, rebellisch, inspirierend, oder einfach zeitlos schön: Die Orte in dieser Region sind recht vielfältig.

PAYS DE LA LOIRE

Bekannt ist die Region vorwiegend Motorsport-Fans, denn Le Mans ist eine berühmte Rennstrecke.

BRETAGNE

Die Bretagne ist ein Land der Legenden. Die Menschen sprechen hier eine ganz eigene Sprache.

HAUTS-DE-FRANCE

Diese Region vereint die historische Provinz mit Moderne: Innovativ, mutig und immer wieder spannend.

AUVERGNE-RHÔNE-ALPES

Auvergne ist eine wildromantische Landschaft mit Vulkanen, Kraterseen, Wäldern und grünen Weiden.

ÎLE-DE-FRANCE

Dies ist der Ballungsraum mit der Stadt Paris, umgeben von kleinen, malerisch-idyllischen Ortschaften.

(Tour 10 - Schloss Versailles-Tour)

BOURGOGNE-FRANCHE-COMTÉ

Wer die Natur liebt, der wird sich hier wegen der geheimnisvollen Grotten und glänzenden Seen wohlfühlen.

OCCITANIE

Okzitanien ist ein Land der alten okzitanischen Sprache Oc. Römer und Katharer hinterließen hier ihre Spuren.

CENTRE-VAL DE LOIRE

Diese Region wird beherrscht vom berühmten Tal der Loire. Viele Bauten sind heute Weltkulturerbestätte der UNESCO.

PROVENCE-ALPES-CÔTE D'AZUR

Hier im Südosten Frankreichs direkt am Mittelmeer wird man von einer mediterranen Stimmung umfangen.

NOUVELLE-AQUITAINE

Hier kommen nicht nur Feinschmecker auf ihre Kosten, sondern auch Badefreunde und Strandbegeisterte.

NORMANDIE

Die Normandie ist seit Ewigkeiten Schauplatz der Geschichte. Hier bricht das Meer an Frankreichs Klippen.

(Tour 12 - Tour zu den D-Day-Plätzen)

PARIS MIT SEINEN 20 ARRONDISSEMENTS

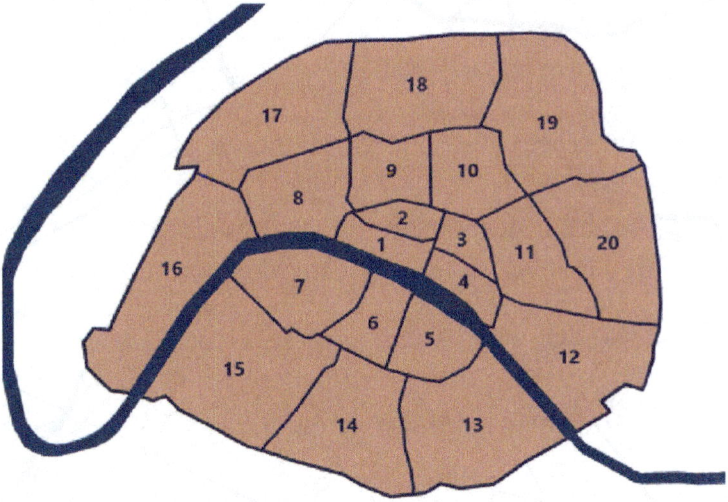

TOUR 1: ROMANTISCHE MOMENTE FÜR VERLIEBTE

Diese Tour eignet sich für alle Verliebten, denn Paris bietet so einige romantische Orte.

(5., 9., 15. + 18. Arrondissement)

TOUR 2: WECKE DEN PICASSO IN DIR

Tauche ein in die Welt der Pariser Kunstszene und erschaffe Dein eigenes Werk.

(1. + 6. Arrondissement)

TOUR 3: ENTDECKE DIE MOSAIKE VON INVADER

Erspähe die Mosaike von Invader und entdecke Paris auf eine andere Art und Weise.

(3. Arrondissement)

TOUR 4: ENTDECKE DIE PARISER MODE

Diese Tour ist perfekt für Dich geeignet, wenn Du in Paris bummeln möchtest.

(1., 2. + 8. Arrondissement)

TOUR 5: MACHE EINEN ABSTECHER ZUR RECYCLERIE

In dieser Tour lernst Du Orte kennen, wo Recycling und Zero-Waste eine Rolle spielen.

(1., 17. + 18. Arrondissement)

TOUR 6: ENTLANG DER ALTEN EISENBAHNSTRECKE

Gönn Dir eine Pause von der schnelllebigen Stadt Paris und schalte einfach mal ab.

(4. + 12. Arrondissement)

TOUR 7: MACHE EINE FOOD-TOUR DURCH MARAIS

Bei dieser Tour lernst Du fantastische Restaurants kennen und Du darfst sogar naschen!

(4. Arrondissement)

TOUR 8: BESICHTIGE DIE KLASSIKER IN PARIS

Bei dieser Tour kommst Du zu Plätzen in Paris, die Du keinesfalls verpassen darfst.

(7., 8. + 16. Arrondissement)

TOUR 9: RUNDGANG MIT GEISTERN & MYSTERIEN

Wenn Du Grusel, Mysterien und Horror liebst, solltest Du diese Tour nicht auslassen.

(4., 14. + 20. Arrondissement)

TOUR 11: ERLEBE PARIS VOM WASSER AUS

Falls Du Flüsse, Häfen und Schiffe magst, ist diese Tour perfekt für Dich geeignet.

(1., 3., 4., 10 + 19. Arrondissement)

TOUR 13: ENTDECKE STREET-ART IM 13. BEZIRK

Bei dieser Tour kannst Du jede Menge hippe Orte und coole Kunstwerke entdecken.

(13. Arrondissement)

TOUR 14: AUF DEN SPUREN BERÜHMTER KÜNSTLER*INNEN

Wenn Du zeitlose Kunst sehen möchtest, bist Du bei diesem Rundgang richtig.

(1., 3., 6. + 7. Arrondissement)

TOUR 15: ERKUNDE DIE PARISER JAZZ-SZENE

Diese Tour ist für Musikinteressierte ein idealer Weg, Paris mal anders zu entdecken.

(5., 10., 18 + 19. Arrondissement)

TOUR 16: HOCH HINAUS: ERLEBE PARIS VON OBEN

Wenn Du schon immer hoch hinaus wolltest, ist diese Tour wie für Dich gemacht.

(5., 9., 15., 18. + 20. Arr.)

TOUR 17: SCHLENDERE ÜBER DIE PARISER FLOHMÄRKTE

Auf dieser Tour werden Träume von allen Bücherwürmern und Schnäppchenjägern wahr.

(1., 3., 4., 5., 6., 14 + 15. Arr.)

TOUR 18: KREIERE DEIN EIGENES PARISER PARFÜM

Wenn Du eine Duft-Reise durch Paris machen willst, ist diese Tour für Dich.

(8., 9. + 16. Arrondissement)

TOUR 19: ERLEBE EINEN KULTURTAG IN PARIS

Falls Du Kultur in Paris erleben willst, solltest Du Dir diese Tour vorknöpfen.

(7., 9. + 18. Arrondissement)

TOUR 20: SCHNITZELJAGD DURCH MONTMARTRE

Durch Quizfragen und Rätsel lernst Du die spannendsten Orte in Montmartre kennen.

(18. Arrondissement)

I ROMANTISCHE MOMENTE FÜR VERLIEBTE

Nicht umsonst ist Paris überall auf der Welt als Stadt der Liebe bekannt. Die vielen Kunstströmungen und -stile der Geschichte, die von hier stammen oder hier ihren Höhepunkt erlebten, haben wahrscheinlich genau so viel dazu beigetragen wie die romantischen Sehenswürdigkeiten an jeder Ecke.

Kleine Hinterhöfe und malerische Gassen kannst Du überall in Paris entdecken, außerdem Kunstwerke, deren Lebendigkeit nie vergehen wird. Zahlreiche Touristenattraktionen in der Stadt versprühen geradezu eine Atmosphäre von Romantik – nicht zuletzt, weil viele Verliebte dort Fotos schießen, um sich an diesen perfekten Moment ewig zu erinnern.

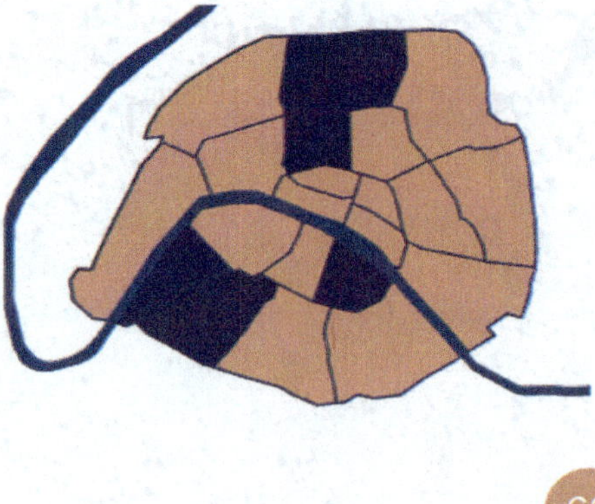

Auch gute Restaurants sind für diesen Ruf der Stadt verantwortlich. Liebe geht schließlich durch den Magen. Viele Menschen träumen von einem romantischen Abendessen in der französischen Hauptstadt. Du auch? Fromage essen und Wein trinken, während Du zwischen dem Anblick Deines*r Liebsten und dem einer Weltmetropole hin und her siehst – wer kann da schon widerstehen? Oder darf es doch ein heißes Getränk in einem typischen Pariser Café sein?

WAS HEISST "ICH LIEBE DICH" AUF FRANZÖSISCH?

Los geht die Tour im Sylon de Montmartre. Hier bekommst Du Süßes und Herzhaftes, Kaffee und Kuchen sowie alles, was Dein Herz begehrt. Dies ist der perfekte Ort für einen entspannten Start in den Tag. Danach geht's zu einer Sehenswürdigkeit nur wenige Schritte vom Sylon de Montmartre entfernt, zu der Le mur des je t'aime. Auf der Mauer stehen die Worte „Ich liebe Dich" in hunderten verschiedenen Sprachen. Dies ist der perfekte Ort für alle Verliebten und eignet sich als großartiges Fotomotiv.

PERFEKT FÜR VERLIEBTE: DAS KLEINE MUSEUM IM HINTERHOF

Das Musée de la Vie romantique ist ein toller Ort für alle Verliebten. In dem idyllischen Museum findest Du zahlreiche Stücke von Charles Dickens, Franz Liszt und Frédéric Chopin. Ein Geheimtipp ist aber das Café im Garten, das allen Romantikern gefallen wird.

HOL DIR EIN KUGEL EIS BEI BERTHILLON

Weiter geht die Tour mit köstlichem Eis bei Berthillon auf der Île Saint-Louis. Das Unternehmen der Familie Berthillon bietet eindeutig das beste Eis von ganz Paris an. Du findest hier alle möglichen Sorten, von Vanille über Himbeere und Tiramisu bis hin zu Zitrone ist alles dabei. Gönn Dir eine kleine Erfrischung und mache Dich auf dem Weg zur nahe gelegenen Pont Marie. Angeblich sollen dort Deine Wünsche wahr werden, wenn man sich unter der Brücke küsst. Danach lädt der kleine, aber feine Park Square Jean-XIII hinter der Notre-Dame zur Entspannung ein.

DER SCHÖNSTE BLUMENMARKT IN PARIS

Auf der Île de la Cité befindet sich der Marché aux Fleurs Reine Elizabeth II, der nach der britischen Königin benannt ist. Dort kannst Du an den Ständen Blumen und Pflanzen in allen erdenklichen Formen, Farben und Stilen erwerben. Eine Rose ist das perfekte romantische Geschenk für zwischendurch.

ROMANTISCHES TANZEN AM SEINE-UFER

Wenn Du gerne tanzt, ist nun die perfekte Gelegenheit dazu. Egal, ob Du Swing, Tango oder doch Salsa bevorzugst: Am Ufer der Seine bewegen sich Paare in allen Altersstufen und Vorkenntnissen zu Musik in der Nähe des arabischen Instituts. Denn was gibt es Romantischeres, als in Paris in der Abenddämmerung in positiver, einzigartiger Atmosphäre mit Deiner Liebe am Wasser zu tanzen? Da dieser Platz nicht bewirtet ist, mache kurz vorher einen Abstecher zum nahe gelegenen Supermarkt Franprix, um Dich mit Pralinen, Obst, Wein, Baguette und mehr einzudecken. So kannst Du ein wundervolles Picknick zu zweit an der Seine genießen.

DINNER IM CIEL DE PARIS

erlebn.is/
cieldeparis

Am Ende der Tour geht's zum Ciel de Paris. Über den Dächern von Paris kannst Du leckere Fisch- und Fleischgerichte genießen, ebenso wie köstliche vegetarische Speisen. Krönung des Besuchs dürfte aber der fantastische Panoramablick auf den Eiffelturm sein.

€€€€€

erlebn.is/
romantik-paris

KOMPLETTE TOUR IN GOOGLE MAPS

2 WECKE DEN PICASSO IN DIR

Der kreative Geist der einzigartigen Weltmetropole, den viele Künstler*innen aus früheren Jahrhunderten wie Picasso, Renoir, Degas, Van Gogh, Monet und zahllose weitere hier für sich nutzten, schwebt bis heute über Paris. Nicht umsonst gibt es hier Museen wie Sand am Meer. Darunter ist etwa das wohl berühmteste Museum der Welt: der Louvre. Die vielen Ausstellungen hier sind Indiz dafür, wie viele sich haben inspirieren lassen.

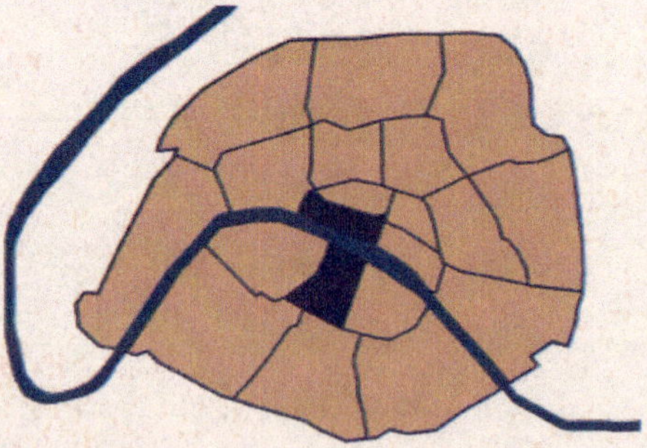

Aber nicht nur durch die Werke anderer Künstler*innen kannst Du Deine Fantasie anregen. Auch durch die zahlreichen Pariser Wahrzeichen sowie die Menschen der Stadt kannst Du die künstlerische Seele der Stadt aufnehmen und Dein eigenes Werk erschaffen.

Tauche ein in die Welt der Pariser Kunstszene, schnapp Dir einen Zeichenblock und setze Dich in den Park, so wie es die Franzosen schon immer gemacht haben, und lass Paris auf Dich wirken.

BESORGE DIR MATERIAL ZUM ZEICHNEN

Los geht's an der Métrostation Odéon. Von dort aus geht's erst einmal zum Frühstück ins Le Néo Café. Hier stehen neben heißen Getränken wie Kaffee und Tee auch Avocadotoast, Pfannkuchen oder Cookie zur Auswahl. Danach geht's gestärkt zum Schreibwarengeschäft Grim'Art, in dem Du Dir viele Utensilien besorgen kannst, unter anderem schöne Hefte und Bücher, in die Du malen kannst. Außerdem gibt es hier natürlich Stifte aller Art, Kalligrafie-Sets, Postkarten, Papier, Taschen, Briefpapier und vieles mehr.

MACH DICH AUF DEM WEG ZUM JARDIN DES TUILERIES

Begib Dich danach zum Hotspot der Pariser Kunstszene – zum Jardin des Tuileries. Hier kannst Du nicht nur Eindrücke von schönen Pflanzen und Skulpturen sammeln, sondern Dich auch auf die Wiese setzen, um zu malen und zu zeichnen. Ebenso findest Du hier das Musée de l'Orangerie. Werke von Monet, Picasso und Matisse sind dort ausgestellt.

LASS DICH VON DEN SPOTS INSPIRIEREN

Im Jardin des Tuileries findest Du jede Menge Inspiration für Dein Kunstwerk, wie der eindrucksvolle Arc de Triomphe du Carrousel. Sein Bau wurde von Napoléon angeordnet, weswegen der etwa 19 Meter hohe Bogen schon seit Beginn des 19. Jahhunderts existiert.

Am Grand Bassin Rond, dem großen Wasserbecken im Garten, kannst Du zahlreiche Menschen beim Entspannen beobachten. Auch die Bronzestatue L'Ami de personne des Künstlers Erik Dietman kann für Dein Kunstwerk herhalten. Die abstrakte Skulptur zeigt, dass Kunst nicht immer eindeutig erkennbar sein muss, sondern auch zum Rätseln einladen kann. Der Louvre grenzt ebenfalls an den Garten. Wenn Du bis dahin noch keine Inspiration gefunden hast, findest Du sie spätestens dort. Ist schlechtes Wetter, verziehe Dich ins nahe gelegene Café Marly für Deine Kunst.

MITTAGESSEN IM FRANÇOIS FÉLIX

Zum Abschluss Deines künstlerischen Rundgangs kannst Du Dich im François Felix für die Heimreise stärken. Auf der Karte stehen französische und internationale Köstlichkeiten. Dazu zählen Caesar Salad, Bruschetta und Camembert als Vorspeisen. Zur Auswahl bei den Hauptgerichten stehen Fisch, Burger und Sandwiches. Hast Du Lust auf ein Dessert, wähle zwischen verschiedenen Eissorten, Crème brûlée und Mousse au Chocolat.

€ € € € €

erlebn.is/
francois-felix

erlebn.is/
picasso-tour

KOMPLETTE TOUR IN GOOGLE MAPS

WIR EMPFEHLEN:

erlebn.is/in-arts-paris

IN ARTS

tripadvisor

Dieser dreistündige Zeichenworkshop ist kein Muss, zeigt Dir aber, wie Du in die Fußstapfen der großen französischen Maler*innen treten kannst. Buchen kannst Du diesen Workshop bequem über TripAdvisor.

3 - 4 Stunden   3. Arrondissement

3 Entdecke die Mosaike von Invader

Hast Du schon mal etwas von dem Street Artist Invader gehört? Vielleicht hast Du selbst schon mal eines seiner Werke unbewusst in einer Großstadt betrachtet. Denn viele seiner Mosaikfliesen sind nicht nur in Paris, sondern auf der ganzen Welt zu bestaunen. Mit Köln, Frankfurt, Berlin und Bonn sind einige seiner Werke ebenfalls in Deutschland zu finden. Auch in Tokio, Los Angeles, Rabat, Rom und vielen weiteren Städten kannst Du sie sehen.

Pariser Sehenswürdigkeiten zu erkunden, macht Spaß und sollte bei Deiner Reise ohne Frage stattfinden. Aber wenn Du die französische Hauptstadt mal auf eine ganz andere Art entdecken möchtest, solltest Du unbedingt auf Street-Art-Erkundungstour gehen und dabei die Mosaike von Invader erspähen. Mit der dazugehörigen App FlashInvaders klappt das ganz einfach. Zudem kannst Du so eine tolle und ungewöhnliche Stadttour erleben.

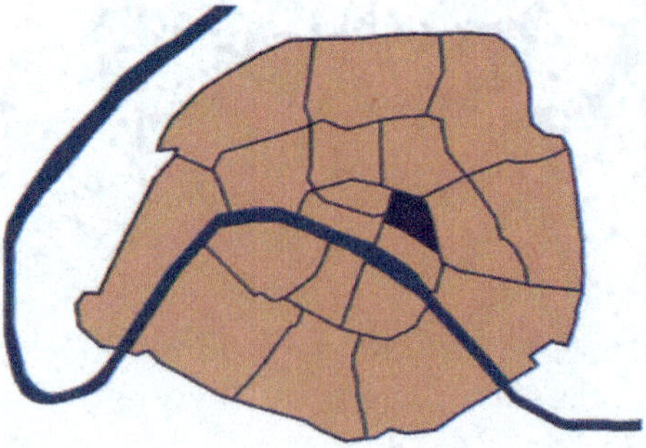

Dafür brauchst Du folgende App:

FlashInvaders

erlebn.is/
flashinvaders

ÜBER 1.300 MOSAIKE ALLEIN IN PARIS

Die Mosaikbilder von Invader findest Du zwar weltweit, besonders auf Paris hat der Straßenkünstler es aber abgesehen. Die meisten seiner Werke – mittlerweile über 1.300 – kannst Du hier entdecken. Seine Mosaike prägen mittlerweile das komplette Pariser Stadtbild.

Durch die Mosaike, die Figuren aus dem Computerspiel „Space Invaders“ aus den 70er-Jahren darstellen, verbindet Invader auf clevere Weise mehrere Dinge: Retro-Trends, Street-Art und Technologie. Die digitale Welt trifft auf die Realität.

Auch Figuren aus anderen fiktionalen Kosmen kannst Du finden wie Bart Simpson, Dr. House und Donkey Kong.

Zu den Orten, wo Du die Kunst von Invader sehen kannst, gehört unter anderem die Umgebung von Notre-Dame, vom Marche d'Aligre und der Place du Tertre in Montmartre. Das größte Werk von Invader findest Du in der Nähe des Centre Pompidou, am Place Stravinsky. Kannst Du noch weitere Mosaike entdecken?

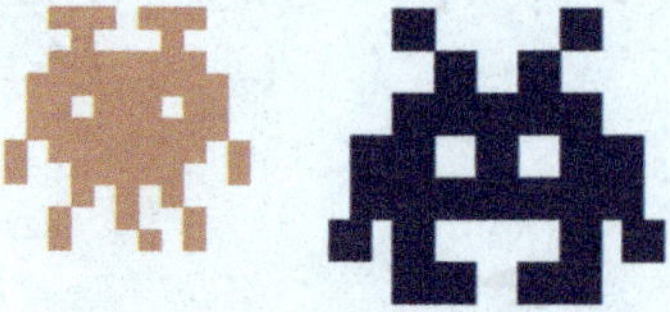

INVADER: ERFOLGREICHER STAR DER STREET-ART-SZENE

Invader wurde 1969 geboren. 1998 begann der Street-Art-Künstler mit dem Anbringen seiner Mosaiksteinchen in Paris. Danach fuhr er in weiteren Städten Frankreichs damit fort, und eines Tages dekorierte er die ganze Welt. Die Mosaikbilder bringt er meistens getarnt und unauffällig in der Nacht an. Damit seine Werke nicht ganz so schwierig zu finden sind, veröffentlicht er auf seiner Webseite auch jede Menge Stadtkarten, die zeigen, wo sie sich befinden.

KLEINE STÄRKUNG IM WILD & THE MOON

erlebn.is/
wild-moon

Als Pause zwischen dem Mosaik-Suchen empfehlen wir das vegane Restaurant Wild & The Moon. Hier bekommst Du leckere Bowls, Sandwiches, vegane Burger, Desserts und Smoothies.

LASS DICH DURCH LE MARAIS FÜHREN

Wenn Du mehr über die ausgeprägte Street-Art-Szene der französischen Hauptstadt erfahren willst, kannst Du Dich dafür auch durch Paris führen lassen. Bei einer Führung durch Le Marais bekommst Du einen Local-Guide an die Seite, der oder die Dir die eindrucksvollen Werke der urbanen Künstler*innen in den Straßen der Weltmetropole zeigt. Damit lernst Du in Paris' versteckte Juwelen und die Stadt auf eine ganz andere, neue Weise kennen. Auch hier suchst Du die Mosaike von Invader und kannst währenddessen mit der Flash-Invaders-App spielen und Punkte sammeln. Dein Guide vermittelt außerdem interessantes Wissen über die Pariser Street-Art-Szene. So eine Tour macht sicher nicht nur Erwachsenen Spaß. Falls Du mit Kindern anreist, könnt ihr zusammen die Kunst der Stadt entdecken, Invader finden und spielerisch mehr über Paris lernen.

WIR EMPFEHLEN:

erlebn.is/
paris-street-art

STREET ART TOUR

4 TAUCHE EIN IN DIE PARISER MODE

Was wäre Paris ohne Mode und die Modewelt ohne Paris? Die Stadt ist weltbekannt für ihre Fashion. Neben New York, Mailand und London gehört sie zu den bedeutendsten Orten der Modeindustrie. Das liegt unter anderem auch an ihrer Fashion Week. Hier treffen sich High-Society und Mode-Fans regelmäßig, um die neuesten Trends zu sichten.

Auch die Haute Couture stammt aus Paris. Ihre Anfänge gehen jedoch auf keinen Pariser, sondern auf den Engländer Charles Frederick Worth zurück. Von Bedeutung für die Haute Couture war zudem die berühmte Designerin Coco Chanel.

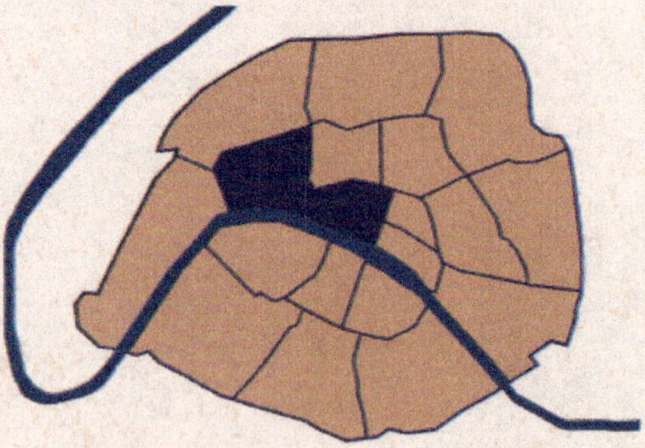

Was gibt es Schöneres für Mode-Fans, als durch die Straßen einer der Hauptstädte für Mode zu bummeln und es mit der besten und hochwertigsten Bekleidung der Welt zu tun zu haben? Die Pariser Modegeschäfte laden geradezu zu einer Shopping-Tour ein.

Diese Tour ist perfekt für Dich geeignet, wenn Du – ganz typisch – einmal in Paris einkaufen gegangen sein möchtest. Egal, wie groß oder klein Dein Budget ist – hier findest Du immer was.

STARTE DEINE SHOPPING-TOUR AM ARC DE TRIOMPHE

Los geht's an einem der Mittelpunkte in Paris: am Arc de Triomphe de l'Étoile. Denn hier beginnt nämlich die berühmt-berüchtigte Avenue des Champs-Élysées. Die große Prachtstraße gehört zu den bekanntesten Sehenswürdigkeiten und ist einer der besten Orte der Stadt, um einzukaufen und um zu flanieren. Luxuriöse Shops wie Chanel, Louis Vuitton, Swarovski und viele andere befinden sich dort. Aber auch zu günstigeren Geschäften wie H&M, Zara oder Promode kannst Du hier natürlich auch gehen.

Egal, welchem Geschlecht Du angehörst oder wie alt Du bist – auf der Champs-Élysées findet jeder Mode-Fan etwas für seinen oder ihren Geschmack.

Schlägt zwischendurch der Hunger bei Dir zu, helfen auf der wohl berühmtesten Straße Frankreichs natürlich auch zahlreiche Cafés und Restaurants, um Dich zu stärken. Sei jedoch darauf gefasst, dass die Preise enorm hoch sind, denn die Kundschaft auf dieser Straße hat das Geld etwas lockerer sitzen.

RUE DE RIVOLI: DIE SHOPPING-MEILE FÜR DIE NORMALOS

Wenn Du es ein wenig günstiger magst, ist die Rue de Rivoli eindeutig besser für Deine Shopping-Tour geeignet. Die etwa drei Kilometer lange Straße führt unter anderem an den Louvre und das Rathaus von Paris vorbei. Die Rue de Rivoli ist eine fantastische Straße für den kleinen Geldbeutel, mit Shops wie H&M, C&A und Zara, aber auch mit kleineren Indie-Läden. Wenn Du Andenken aus Souvenirläden mitnehmen möchtest, solltest Du Dich direkt in die Umgebung des Louvre begeben.

Auch das La Samaritaine lädt zu einer ausgiebigen Shopping-Tour ein. Das seit 1869 bestehende Kaufhaus bietet eine große Auswahl: Schuhe, Kleidung, Taschen, Kosmetik, Parfüms und mehr kannst Du dort auf mehreren Etagen ergattern. Gehst Du die Rue de Rivoli bis zum Stadtteil Marais herunter, triffst Du immer häufiger auf ungewöhnliche und kleinere Läden.

UNIKATE & SECONDHAND AUF DER RUE ST. DENIS

Weiter geht die Mode-Tour auf der Rue St. Denis. Diese Straße gehört zu ältesten Straßen der französischen Hauptstadt. Sie ist über 1.300 Meter lang. Wenn Du Secondhand und Vintage-Ware magst, dann bist Du hier genau richtig.

Um die Ecke von der Rue St. Denis liegt außerdem das Quartier des Halles. Dazu gehört auch das Forum des Halles, das eines der am meisten besuchten Einkaufszentren Frankreichs ist. Auch hier lohnt sich ein Abstecher hin, um Dich mit Kleidung einzudecken.

erlebn.is/
paris-shopping

KOMPLETTE TOUR IN GOOGLE MAPS

WIR EMPFEHLEN:

Local Guide Diane

erlebn.is/
paris-guruwalk

GuruWalk

Diane ist Modedesignerin mit einer Leidenschaft für Haute Couture. Wenn sich einer mit französischer Mode auskennt, dann sie. Buche sie über GuruWalk und bummel mit ihr durch die Pariser Boulevards.

5 MACHE EINEN ABSTECHER ZUR RECYCLERIE

Diese außergewöhnliche Tour durch Paris ist etwas für Dich, wenn Dir Dinge wie Umweltschutz, Recycling und Zero-Waste am Herzen liegen. Diese Themen betreffen heutzutage wohl mehr Menschen denn je, denn der Klimawandel geht uns alle etwas an. Seine negativen Auswirkungen sind häufig jetzt schon spürbar. Aber auch, wenn Du etwas über das alternative Paris erfahren möchtest, könnte Dir diese Tour gefallen. Paris ist eine Metropole, deren Belastung auf Kosten der Umwelt nicht zu leugnen ist. Beispielsweise zeigt sich das an der Luftverschmutzung der Stadt. Außerdem werden Ressourcen nicht nur in Paris, sondern auf der ganzen Welt knapp. Deswegen haben einige Pariser die lobenswerte Idee, etwas dagegen zu tun. In der Tour lernst Du Orte kennen, wo Recycling und Zero-Waste stattfinden, eigene Lebensmittel angebaut und viele andere Maßnahmen realisiert werden. Auf der Tour kannst Du alternative Orte sehen, die etwas anders als der Rest von Paris sind und nicht immer mit gängigen Auffassungen zusammenpassen. Solche Denkweisen drücken Menschen häufig in Kunst aus – und genau das wirst Du auf der Tour entdecken.

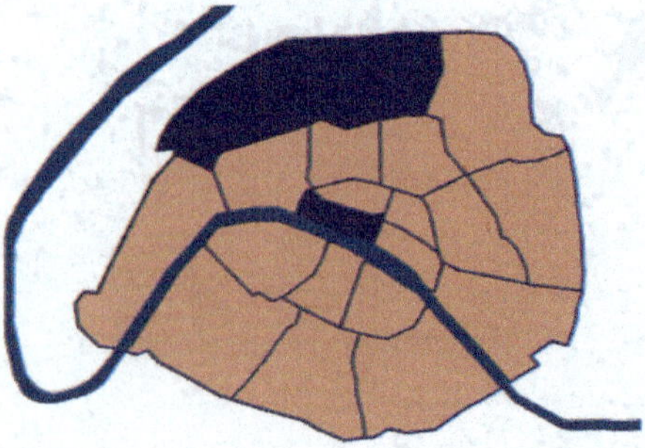

MACHE EINEN SPAZIERGANG ENTLANG DER EHEMALIGEN BAHNSTRECKE

Die Tour startet im Norden von Paris, am Square Jean Leclair. Der schöne Park hat einige Statuen und ist ein schöner Ort zum Entspannen. Weiter geht es entlang der ehemaligen Bahnstrecke Petite Ceinture. Dort liegt auch Le Hasard Ludique – ein Lokal, das unter anderem Upcycling betreibt. Außerdem mieten hier hin und wieder Pariser*innen ein Atelier, das für künstlerische Aktivitäten genutzt wird. Auch ein Improvisationstheater findest Du hier. Abends finden dort häufig Events wie Tanzveranstaltungen oder Konzerte statt. Zudem spielen oft aufstrebene DJs ihre Sets.

Weiter geht der Spaziergang über die Promenade Dora Bruder zu Les Jardin du Ruisseau. Der Gemeinschaftsgarten soll eine Verbindung zwischen Mensch und Natur schaffen. Gleichzeitig gehört es auch zum Konzept der Gemeinschaft, die Menschen, die daran mitarbeiten, untereinander näherzubringen. Ebenso finden hier Veranstaltungen wie ein Filmfestival und Tanzabende statt.

LA RECYCLERIE: BAR, FLOHMARKT UND NACHBARSCHAFTSWERKSTATT

Ein ganz besonderer Ort ist die nächste Station der Tour: La Recyclerie. Unter anderem kannst Du hier superlecker vegetarisch sowie vegan speisen. Das Lokal kümmert sich selbst um einen Großteil der Nahrungsmittel: Hier leben Hühner, die die Gäste mit Eiern versorgen, auf dem Dach wohnen Bienen, und Obst sowie Gemüse werden selbst angebaut. Den Hühnern werden Küchenreste als Futter gegeben, was zur Zero-Waste-Strategie gehört. Neben dem Restaurant ist La Recyclerie auch ein Stadtbauernhof. Zudem können kaputte Dinge bei René zur Reparatur abgegeben werden. Auch ein hauseigener Flohmarkt befindet sich auf dem sehr außergewöhnlichen Gelände.

ZURÜCK INS ZENTRUM MIT DEM FAHRRAD ODER MIT DER MÉTRO

Nur wenige Meter von der Recyclerie kannst Du Fahrräder an der Station Vélib' 18032 ausleihen. Diese kannst Du unkompliziert mieten, um umweltschonend zurück ins Pariser Zentrum zu gelangen. Wenn Du erst einmal keine Lust mehr auf Bewegung hast, kannst Du zudem die öffentlichen Verkehrsmittel wählen. In unmittelbarer Nähe zur Recyclerie findest Du die Métrostation Porte de Clignancourt.

STÖBERE DURCH DAS KULTURZENTRUM 59 RIVOLI

Auch die Mieten für Wohnraum sind in Paris oft viel zu hoch, gar unbezahlbar. Vor allem direkt in der Innenstadt in Straßen wie der Rue de Rivoli. Nachdem das Haus 59 Rivoli wegen horrender Mietpreise leer gestanden hatte, nahmen es einige Künstler*innen für sich ein und besetzten es seit Ende der 1990er-Jahre.

Künstler*innen können sich bewerben, um in einem der Studios zu wohnen und zu werkeln. Ihre Werke werden öffentlich in einem hauseigenen Ausstellungsraum präsentiert. Außerdem finden dort regelmäßig kostenlose Konzerte statt. Spenden nehmen die Künstler*innen trotzdem gerne an. Wenn Du Paris abseits der üblichen Sehenswürdigkeiten entdecken möchtest und gleichzeitig den französischen Protest-Charakter kennenlernen willst, solltest Du den Besuch in diesem ungewöhnlichen Pariser Gebäude nicht auslassen. Der Eintritt ist zudem kostenlos.

erlebn.is/
recyclerie-tour

KOMPLETTE TOUR IN GOOGLE MAPS

3 - 6 Stunden 4. + 12. Arrondissement

6 SCHLENDERE ENTLANG DER ALTEN EISENBAHNSTRECKE

In Paris findest Du sowohl viele schöne Parks als auch tolle Wege, an denen Du lang und ausführlich spazieren gehen kannst. Diese Tour ist perfekt für Dich geeignet, wenn Du zwischen all dem Sightseeing einfach mal durchatmen willst.

Die alte Eisenbahnstrecke Coulée verte René-Dumont ist nach dem Politiker René Dumont benannt. 4,5 Kilometer ist die Grünoase lang und wird auch oft La Promenade Plantée genannt. Sie ist eine ehemalige, stillgelegte Bahntrasse und führt Dich an bepflanzten Orten, Geschäften und Parks vorbei. Diese Tour ist gerade dann geeignet, wenn Du eine Pause von der schnelllebigen Stadt benötigst und einfach mal abschalten willst. Unter anderem durch seine vielen Rosensträucher ist der Coulée verte René-Dumont auch als romantische Tour für verliebte Paare gut geeignet, die die Stadt der Liebe bei einem schönen Spaziergang genießen wollen.

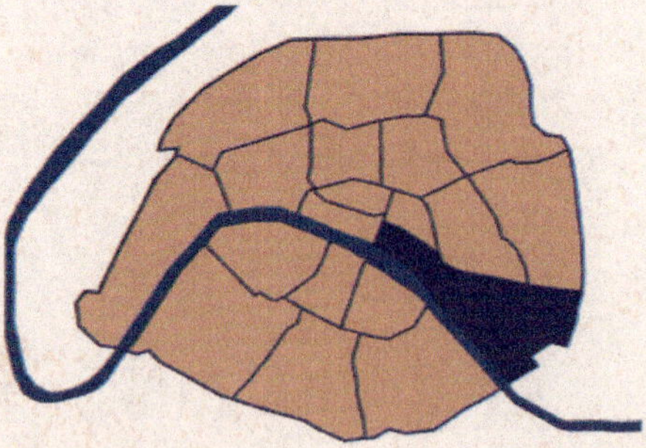

DER COULÉE VERTE RENÉ-DUMONT: IDYLLISCHER FUSSWEG IN PARIS

Los geht die Tour an der Opéra Bastille im 12. Arrondissement. Seit 1989 werden hier Opern, Ballettaufführungen und Konzerte gespielt. Weiter geht es entlang des Coulée verte René-Dumont. Diese Wanderstrecke beginnt in der Nähe der Opéra Bastille auf einem erhöhten Weg. Die alte Eisenbahntrasse verbindet mehrere Parks und führt durch schöne Grünoasen. Bei einem Spaziergang über den erhobenen Weg kommst Du an bepflanzten Torbögen, Kletterpflanzen, Wasserläufen und Brücken vorbei. Der Coulée verte René-Dumont ist eine angenehme Art, die Natur inmitten der Stadt zu genießen. Würden nicht gelegentlich hohe Wolkenkratzer daran erinnern, dass Du in einer Großstadt bist, könntest Du fast meinen, Du wärst in einem Märchen. Diese stillgelegte Eisenbahnstrecke ist ein schöner Rückzugsort inmitten der Metropole. Pflanzenfans und Naturfreunde werden sich hier sicher wohlfühlen.

DECKE DICH MIT PROVIANT EIN IM MARCHÉ D'ALIGRE

Nur wenige Gehminuten abseits des Coulée verte René-Dumont befindet sich der Marché d'Aligre. Auf dem Markt findest Du alles, was Dein Herz begehrt. Von Obst und Gemüse über Feinkost bis zu Käse und Fleisch ist alles dabei. Decke Dich hier mit ein wenig Proviant für das nachfolgende Picknick ein.

PICKNICKE EINE RUNDE IM JARDIN DE REUILLY

Einer der Parks entlang des Coulée verte René-Dumont ist der Jardin de Reuilly. Zu ihm gehört eine riesige Grünfläche, auf der Du herrlich picknicken kannst. Auf der Wiese mit einer Decke oder auf eine der Bänke kannst Du Dein Proviant genießen. Belohnt wird der Aufenthalt durch die vielen wunderschönen Pflanzen, eindrucksvollen Statuen und Brunnen. Zurück zum Coulée verte René-Dumont geht es über eine schöne Holzbrücke, die über den Park empor führt und die jeder Pariser nur zu gut kennt.

WENN DU NOCH LUST UND ENERGIE HAST: BESUCHE DEN NAHEGELEGENEN ZOO

Ein weiterer Park in Paris ist der Bois de Vincennes. Hier hast Du viele Angebote für Aktivitäten wie Bootfahren, Angeln und Reiten. Auch Fahrräder kannst Du mieten sowie das Schloss von Vincennes besichtigen. In dem dazugehörigen Parc Floral finden außerdem häufig sehenswerte Gartenschauen statt. Im Bois de Vincennes liegt zudem auch der Parc zoologique de Paris. Der Zoo existiert bereits seit 1934. Mehr als 2.000 Tiere wohnen insgesamt dort. Der Tierpark versteht es unter anderem als seine Aufgabe, für die Erhaltung von bedrohten Tierarten zu sorgen, wie für das Okapi, das Schopfgibbon und den Rotbauchmaki. Aber auch viele andere Tiere wie Giraffen, Raubkatzen wie Löwen, Zebras, Seelöwen und Affen leben in dem Zoo.

LASS DEN TAG AUSKLINGEN IM LES APÉROS DE LA PÉTANQUE

Zum Ende führt die Tour zum Apéros de la Pétanque. Hier kannst Du diesen schönen Tag mit einem Spiel und gutem Essen ausklingen lassen. Pétanque, das Du hier spielen kannst, ähnelt Boule. Ziel ist es, Deine Kugeln am nächsten an eine Zielkugel zu werfen. Wer den geringsten Abstand hat, gewinnt. Probier's mal aus!

erlebn.is/
la-petanque

€ € € € €

erlebn.is/
spaziergang-paris

KOMPLETTE TOUR IN GOOGLE MAPS

7 MACHE EINE FOOD-TOUR DURCH MARAIS

Die kulinarische Welt der französischen Hauptstadt ist einmalig. Wenn Du nach Paris reist, willst Du mit Sicherheit auch die Küche der Metropole austesten. Zu den bekanntesten französischen Gerichten gehören Crêpes, Ratatouille sowie Crème brûlée. Aber auch für Wein, Champagner und Käse sind das mitteleuropäische Land berühmt. All dies lernst Du bei dieser Food-Tour kennen. Dieser Rundgang führt Dich durch das Viertel Le Marais. Hier lernst Du einige großartige Restaurants kennen. Von Mousse au Chocolat über Croissants bis zu Austern kannst Du alles testen. So lernst Du die französische Küche aus einer anderen Perspektive kennen. Entdecke tolle Restaurants mit erstklassigen Speisen und leckeren Getränken. Möchtest Du die Pariser Kochkünste nicht allein entdecken, sondern von einem Guide erklärt bekommen? Hier erfährst Du mehr über eine Führung durch Paris' kulinarisches Viertel.

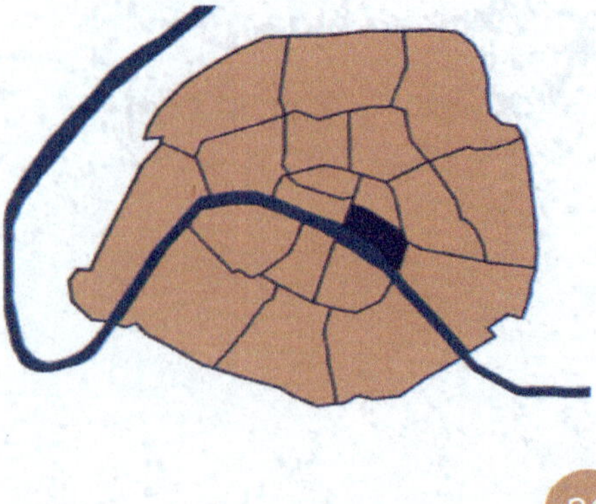

STARTE MIT CROISSANTS IM CAFÉOTHÈQUE OF PARIS

Die Tour beginnt im vierten Arrondissement. In der Nähe der Île Saint-Louis befindet sich die Caféothèque of Paris. Hier bekommst Du köstlichen Kaffee. Von Espresso über Cappuccino bis zu Mochaccino ist alles dabei, sowie Gebäck wie Cookies und Croissants.

€€€€€

erlebn.is/
cafeotheque

WEITER ZUM BISTRO DES HALLES MIT OEUFS COCOTTE UND STEAK TATAR

Der nächste Spot auf der Tour führt Dich zum Bistro Des Halles, wo Du das tägliche Pariser Leben miterleben kannst. Zu den Speisen zählen Austern, Ratatouille, Steak Tatar und Oeufs Cocotte. Zum Nachtisch gibt's Crème brûlée und Mousse au Chocolat.

€€€€€

erlebn.is/
bistro-halles

GÖNNE DIR EINEN CRÊPE BEI CRÊPERIE SUZETTE

erlebn.is/
creperie-suzette

Keinesfalls solltest Du es verpassen, in Paris Crêpes zu essen. In der Crêperie Suzette kannst Du sowohl herzhafte als auch süße Crêpes verkosten. Diese kannst Du sogar glutenfrei bestellen.

KLEINE BAR MIT HERZLICHER ATMOSPHÄRE: L'ART BRUT BISTROT

erlebn.is/
brut-bistrot

Gegen Ende der Tour geht's ins L'Art Brut Bistrot. Hier gibt es viele beliebte Cocktails wie Caipirinha, Tequila Sunrise und Piña Colada. Whisky, Rum und Wodka hat das Bistrot auch. Zudem bekommst Du hier Snacks wie Sandwiches. Zu den Highlights des gemütlichen Lokals gehören aber hauptsächlich französischer Wein und Käse.

KOMPLETTE TOUR IN GOOGLE MAPS

erlebn.is/
paris-food-tour

ODER LASS DICH FÜHREN VON SZENE-EXPERTIN AMELIE

erlebn.is/
paris-tour-guy

THE TOUR Guy

Vielleicht möchtest Du die faszinierende Food-Szene von Marais lieber mit einer professionellen Führung kennenlernen. Amelie zeigt Dir die besten Lokale der Gegend. Zur Tour gehören insbesondere französischer Wein, Austern, Champagner, französischer Käse und Pariser Streetfood. Wenn Du es lieber süß magst, wirst Du Dich über Crêpes, Crème brûlée und weitere Desserts sicher sehr freuen.

8 Besichtige die Klassiker in Paris

Wenn Du das erste Mal in Paris bist, möchtest Du sicherlich die bekanntesten Wahrzeichen der Stadt besichtigen. Genau darum geht es bei dieser Tour. Hierbei klapperst Du spannende Stationen in zentraler Lage ab. Somit lernst Du die Weltmetropole bestens kennen und Du kannst coole Urlaubsfotos schießen.

Zu den Stationen der Tour gehören viele Klassiker wie der Eiffelturm, die Champs-Élysées und der Arc de Triomphe. Aber auch schöne Parks und Gärten siehst Du auf der Tour, damit Du Dir zwischen all dem Sightseeing eine kurze Pause gönnen kannst. Egal, ob Du auf der Champs-Élysées spazieren gehen, die Aussicht von der Eiffelturmspitze genießen, im Jardins du Trocadéro entspannen oder Dich am Ausblick vom Place de la Concorde erfreuen willst – auf dieser Tour bekommst Du das alles. Das sind die Plätze von Paris, die Du keinesfalls verpassen darfst.

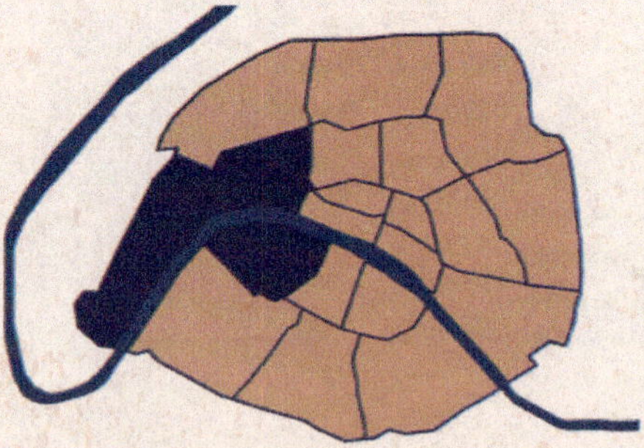

SCHLENDERE DURCH DEN JARDIN DE LA TOUR EIFFEL

Zu Beginn dieser Tour geht es zu den umliegenden Gärten des Eiffelturms. Zu den prachtvollen Pflanzen zählen Zedern, Kastanienbäume, Maiglöckchen und mehr. Auch ein Baum, der über 200 Jahre alt ist, steht hier im Park. Außerdem begeistert die Grünanlage Champs de Mars mit seiner Reiterstatue von Maréchal Joseph Joffre sowie dem großen, beeindruckenden Wasserbecken Bassin du Champs de Mars mit dem Monument des Droites de l'homme.

ERKLIMME DEN EIFFELTURM: AUFZUG ODER TREPPE?

Weiter geht's zum bekanntesten Pariser Wahrzeichen: zum Eiffelturm. Dabei kannst Du Dir aussuchen, ob Du den Aufzug oder die Treppe mit ihren über 1.600 Stufen bevorzugst. Um lange Warteschlangen zu umgehen, empfehlen wir Dir, vorher ein Ticket online zu buchen. Bereits die erste Etage ist über 57 Meter hoch. Dort gibt es ein Restaurant und sogar eine Post, damit Du die Postkarten sofort abschicken kannst. Auf der zweiten Ebene befinden sich ebenfalls Restaurants. Ganz oben in Etage drei kannst Du in eine Champagner-Bar gehen und Wachsfiguren entdecken. Von allen drei Ebenen hast Du einen fabelhaften Blick auf Paris.

WEITER GEHT'S ZUM JARDINS DU TROCADÉRO

Der nächste Stopp ist der Jardins du Trocadéro. Zwischen dem Eiffelturm und dem Garten liegt die Seine, die Du schnell über eine Brücke überqueren kannst. Hier befindet sich unter anderem der Parvis des Droites de l'Homme. Dieser Platz ist sehr beliebt, da er einen schönen Ausblick auf den Eiffelturm bietet und damit die perfekte Möglichkeit ist, Fotos mit dem Wahrzeichen zu schießen. Im Garten steht auch die schöne Danse Triomphale A Pallas Athene.

KURZER MARSCH ZUM ARC DE TRIOMPHE

Weiter geht's über die Avenue Kléber. In dieser kommst Du auch an einigen prestigeträchtigen Hotels vorbei, wie dem Hotel Raphaël und dem Peninsula Paris. Dann geht es zum Arc De Triomphe de l'Étoile. Der Triumphbogen gehört zu den beliebtesten Wahrzeichen der französischen Hauptstadt. An dem Bauwerk sind viele Personen sowie Schlachten als Inschriften aufgelistet, die für Frankreichs Militärgeschichte wichtig sind. Der Bogen ist beinahe 50 Meter hoch. Hier hast Du die Möglichkeit, auf das Dach des Triumphbogens zu gehen, von wo aus Du eine herrliche Aussicht auf Paris hast.

BUMMEL ÜBER DIE CHAMPS-ÉLYSÉES

Weiter geht's über eine der weltweit prominentesten Straßen: der Champs-Élysées. Zahlreiche luxuriöse Marken befinden sich auf der beinahe zwei Kilometer langen Einkaufsstraße. Auch den schönen Park Square Marigny, den tollen Brunnen Fontaine du Cirque und das Denkmal für den Widerstandskämpfer Jean Moulin findest Du hier. Folge der Champs-Élysées am besten bis zum Place de la Concorde.

BLICKE ZURÜCK VOM PLACE DE LA CONCORDE

Zum Schluss der Tour geht es zum größten Platz von Paris, dem Place de la Concorde. Auf dem Platz befinden sich ein über 23 Meter großer Obelisk und prächtige Springbrunnen. Zum französischen Nationalfeiertag begibt sich der Präsident Frankreichs jedes Jahr am 14. Juli auf eine Tribüne mit seinen Gästen. Von dort aus beobachten sie gemeinsam die jährliche Militärparade. Vom Place de la Concorde hast Du außerdem einen atemberaubenden Blick auf die Champs-Élysées. Schau von hier aus auf Deinen schönen Erkundungstag in Paris zurück.

KOMPLETTE TOUR IN GOOGLE MAPS

erlebn.is/
paris-klassiker

9 ABENTEUERLICHER RUNDGANG MIT GEISTERN & MYSTERIEN

Wenn Du Grusel, Mysterien und Horror liebst oder wenn Du um die Zeit von Halloween anreist und etwas Gespenstisches erleben willst, solltest Du diese Tour keinesfalls auslassen. Lerne unheimliche Plätze und die schaurigen Geschichten hinter Pariser Sehenswürdigkeiten kennen und entdecke Paris auf eine ganz besondere und ungewöhnliche Weise.

Angefangen bei dem Friedhof für Prominente, den Du allein oder mit einem Tour-Guide erkunden kannst, geht es danach in die gruselige, unterirdische Welt der Pariser Katakomben. Hier werden seit Jahrhunderten Millionen von Gebeinen aufbewahrt. Nicht umsonst spielen die unterirdischen Gänge gleich in mehreren Horrorfilmen eine Rolle. Zum Schluss geht es zur Île de la Cité, wo Du noch mehr über gruselige Orte in Paris erfahren kannst. Auch das kannst Du mit oder ohne einen Tour-Guide tun.

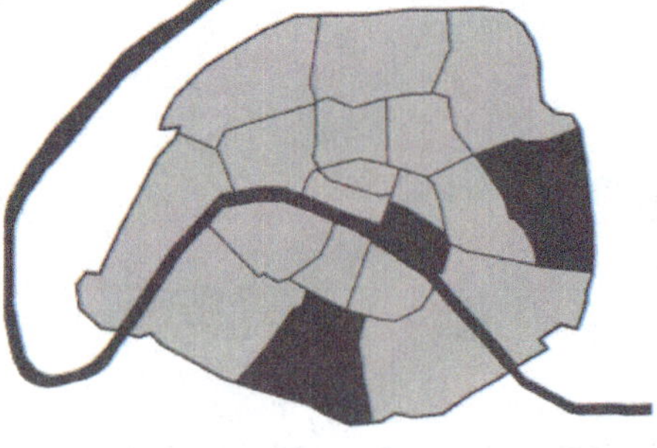

RENDEZ-VOUS MIT BERÜHMTEN TOTEN VON PARIS

Wer hätte gedacht, dass ein Friedhof zu einer so beliebten Sehenswürdigkeit wird, dass jährlich Millionen von Touristen dorthin strömen? Das liegt an den vielen prominenten Menschen, die auf dem Cimetière du Père-Lachaise begraben sind. Die geheimnisvolle Geistertour durch Paris beginnt genau hier. Es sind hier Berühmtheiten begraben wie die französische Chansonsängerin Édith Piaf, der The Doors-Sänger Jim Morrison, der irische Schriftsteller Oscar Wilde und zahllose weitere. Auch viele eindrucksvolle Denkmäler erinnern an die Verstorbenen, darunter das prachtvolle Monument Aux Morts.

ERFAHRE GRUSELIGE GESCHICHTEN VON HAMISH

Mit Hamish als Tour-Guide erfährst Du noch mehr über den Cimetière du Père-Lachaise. Er hat ein fundiertes Wissen über Spukgeschichten und unheimliche Details über den Friedhof, seine Gräber und die Toten.

erlebn.is/
friedhof-paris

KURZER RITT MIT DER MÉTRO ZUM NÄCHSTEN SPOT

Weiter geht's mit der Métro. Von der Station Père-Lachaise kommst Du bequem zur Station Denfert-Rochereau. Von dort aus sind es nur wenige Meter zu den Katakomben von Paris.

BESUCHE DIE SKELETTE IN DEN KATAKOMBEN

Richtig schaurig wird es in den Katakomben, die die nächste Station der Tour sind. Sogar einige Horrorfilme spielten hier. Wenn Du eine spooky Unterwelt mit Skeletten sehen willst, bist Du hier am richtigen Ort. Früher war der unterirdische Tunnel ein Steinbruch für Kalkstein. Heute sind dort Millionen von menschlichen Überresten gesammelt. Seit die Katakomben für Einstürze sorgten und die Pariser Friedhöfe überfüllt waren, werden die Knochen der Verstorbenen in den unterirdischen Gängen gelagert. Möchtest Du die einmalige, gruselige Sehenswürdigkeit besichtigen, solltest Du Dir unbedingt vorher ein Ticket für diesen gespenstischen Ort unter der Erde besorgen. Es gibt nämlich lange Warteschlangen, da nur 200 Besucher*innen gleichzeitig in den Katakomben sein dürfen.

MYSTISCHER RUNDGANG AUF DER ÎLE DE LA CITÉ

Die Tour setzt auf der Île de la Cité fort. Zu Beginn geht's in die Conciergerie. Sie war um die Zeit der Französischen Revolution ein Gefängnis. Tausende von Menschen waren hier inhaftiert, viele wurden auch zum Tode verurteilt. Unter anderem waren Marie-Antoinette, Robespierre und später Napoléon III. Insassen.

Auch die berühmte Kathedrale Notre-Dame befindet sich auf der Île de la Cité. Besonders die Figuren der Drolerie stellen gruselige Gestalten in der Dämmerung dar.

Weitere Sehenswürdigkeiten auf der kleinen Insel in der Seine sind das Restaurant La Tour d'Argent, das aus dem Film Ratatouille bekannt ist, und die Brücke Pont Neuf, die unter anderem von Christo und Jeanne-Claude verhüllt wurde.

erlebn.is/
paris-gruseltour

KOMPLETTE TOUR IN GOOGLE MAPS

WIR EMPFEHLEN: Local-Guide Alberto

erlebn.is/paris-alberto

GUIDED TOURS OF PARIS *with* ALBERTO

Wenn es einen Experten für gruselige Geschichten in Paris gibt, dann definitiv Alberto. Er führt Dich zu den schaurigsten und unheimlichsten Plätzen rund um die Île de la Cité und erzählt Dir packende Geistergeschichten und blutige Storys.

10 MACHE EINEN AUSFLUG ZUM SCHLOSS VERSAILLES

Bei jeder Reise nach Paris sollte auch eine Tagestour in das schöne Château de Versailles auf dem Plan stehen. Diese prächtige Sehenswürdigkeit liegt nicht direkt in der Stadt, sondern etwas außerhalb, aber ist einfach erreichbar. Das Schloss besitzt hunderte Zimmer und große, beeindruckende Säle. Es ist historisch eng mit dem sogenannten „Sonnenkönig" Ludwig XIV. verbunden. Auch später spielte dieser Ort noch eine wichtige Rolle in der Geschichte, u.a. während der Französischen Revolution oder als dort nach dem Ersten Weltkrieg der Friedensvertrag von Versailles ausgehandelt wurde. Hier sind Jahrhunderte der Geschichte sichtbar. Aber nicht nur für Geschichtsinteressierte und Fans von Architektur ist das Schloss ein spannender Ort. Auch für alle, die einfach nur ein prachtvolles Schloss und seine schönen Gärten sehen wollen, ist ein Tagesausflug hierher sehr zu empfehlen.

BRICH FRÜH MORGENS ZUM SCHLOSS AUF

Um nach Versailles zu kommen, bist Du mit den öffentlichen Verkehrsmitteln in etwa einer Stunde vor Ort. Aussteigen kannst Du an der Station Château de Versailles. Mit dem Auto benötigst Du ebenfalls 60 Minuten.

DER PALAST VON KÖNIG LUDWIG XIV.

Das prachtvolle Schloss Versailles mit seinen Jahrhunderten der Geschichte ist ihm anzusehen. Das prunkvolle Château de Versailles wurde im 17. Jahrhundert erbaut und diente zunächst als Jagdschloss für Ludwig XIII. Erst sein Sohn, der Sonnenkönig Ludwig XIV., baute es zu einem Palast aus. Es hat zahlreiche Zimmer, in vielen davon wohnte der Hofstaat. Der lange Spiegelsaal wurde unter anderem für Bälle genutzt, die mit Musik von hofeigenen Komponisten gefeiert wurden. Auch das prachtvolle Deckengemälde im Saal beeindruckt. Ein weiterer imposanter Saal ist die Oper. Bis heute werden hier regelmäßig Aufführungen gespielt. Auch das Schlafzimmer des Königs ist ein prächtiger Raum, wo zahlreiche Untergebene täglich anwesend waren.

DIE GARTENANLAGEN VON VERSAILLES

Der große Schlosspark des Königs ist genauso beeindruckend wie das prächtige Schloss selbst. Der König ging oft im Garten spazieren und genoss die Schönheit dieser Grünanlage. Nicht nur hast Du hier einen tollen Blick auf den königlichen Palast. Du findest außerdem viele Wasserspiele. Dazu gehört etwa der Apollo-Brunnen. Der Vergleich mit dem griechischen Sonnengott gefiel dem französischen Sonnenkönig natürlich. Auch die exakt angeordneten Pflanzen und Bäume kannst Du bei einem Rundgang bewundern. In dem Garten kannst Du auch die Orangerie und das Luftschloss Petit Trianon bestaunen. Bis heute wird der prachtvolle Schlosspark von Gärtnern gut gepflegt.

erlebn.is/
versailles-tickets

TICKETS MIT MAX. 30 MIN. WARTEZEIT

KÖNIGLICH SPEISEN IM LA PETITE VENISE

Weiter geht's zum La Petite Venise. Als Vorspeisen bietet die Gaststätte am Schloss von Versailles unter anderem köstlichen Büffelmozzarella und Gerichte mit Pasta oder Gnocchi an. Zu den Hauptspeisen zählen Burger und Fisch. Als Desserts gibt es insbesondere Eis und Tiramisu. Das alles kannst Du bei edlen Getränken wie Wein oder Champagner genießen.

erlebn.is/
petite-venise

€ € € € €

FEUERWERK & CO. IN DER NIGHT FOUNTAINS SHOW

Die prächtigen Brunnen, Becken und Bäder im Garten von Versailles werden mit ihren Wasserspielen häufig durch musikalische Untermalungen unterstützt. Diese Spektakel finden manchmal auch als organisierte Show-Events am späten Abend statt. Sie ziehen Jung und Alt an und begeistern alle durch das bunte Schauspiel. Bunte Lichteffekte unterstützen die Schönheit der prächtigen Wasserspiele am Schloss. Bei dieser Veranstaltung kannst Du Dich auf großartige Installationen und tolle Musik freuen. Die farbenfrohen, abendlichen Events finden in den Sommermonaten statt, weswegen wir einen Besuch in Versailles im Sommer empfehlen. Willst Du die eindrucksvolle Show sehen, solltest Du vorab rechtzeitig Tickets reservieren, da die Show immer recht schnell ausgebucht ist.

TICKETS ERHÄLTST DU HIER

erlebn.is/
versailles-show

11

ERLEBE PARIS VOM WASSER AUS

Wenn Wasser Dein Element ist und Du Flüsse, Häfen, Kanäle und Schiffe magst, dann entscheide Dich unbedingt für diese Tour. Falls Du außerdem gerne mit dem Rad unterwegs bist, ist diese Tour perfekt für Dich geeignet.

Zu Anfang geht es zu einem ganz besonderen Café auf dem Wasser. Das Lokal befindet sich auf einem Hausboot, auf dem Du nicht nur einen Kaffee trinken kannst.

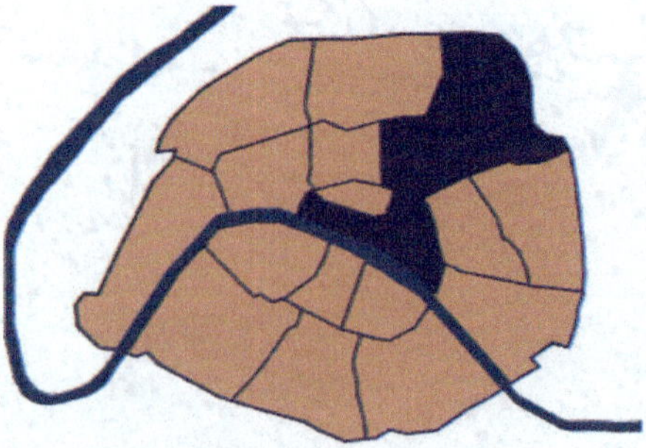

Danach schnappst Du Dir eines der vielen Mietfahrräder, die in Paris zahlreich herumstehen. Mit diesem geht es entlang des Kanals weiter in Richtung Port de l'Arsenal – dem einzigen Hafen von Paris. Von hier aus radelst Du weiter in die Innenstadt von Paris, in der Du zum Nachmittag hin aufs Schiff steigst und den Wasser-thematischen Tag mit einem fulminanten Drei-Gänge-Menü auf einer kleinen Kreuzfahrt krönst.

Egal, ob Du ein Wasser-Sternzeichen bist, ob Dir das Meer fehlt oder ob Du einfach einen Tag rund um das Thema Wasser verbringen willst – diese Tour hält einige Stationen zu Deinem Lieblingselement parat und macht unheimlich Spaß.

STARTE MIT KAFFEE IM WATER AND DREAMS

Einen Kaffee auf dem Wasser trinken? Das geht im Water And Dreams, auch L'Eau Et Les Rêves genannt. Hier befinden sich ein Restaurant und ein Buchladen auf einem Lastkahn. Zur gemütlichen, originellen Atmosphäre des Schiffes tragen außerdem die vielen Pflanzen bei. Es ist der ideale Ort für alle hungrigen Wasser-, Bücher- und Botanik-Fans.

erlebn.is/
water-dreams

€€€€€

MIETE DIR EINEN DRAHTESEL VON VÉLIB'

Nur wenige Gehminuten vom Water And Dreams befindet sich die Station Vélib' 19015, wo Du Dir ein Fahrrad ausleihen kannst. Da alle Orte dieser Tour am Wasser liegen, ist es sinnvoll, wenn Du die Strecken mit dem Rad abfährst. So kannst Du die Pariser Straßen entlang radeln und bist die ganze Zeit an der frischen Luft. Dabei erreichst Du Deine Ausflugsziele mit dem Rad jedoch schneller, als würdest Du die Strecke mit der Métro fahren.

BESUCHE PARIS' EINZIGEN HAFEN L'ARSENAL

Fahre entlang des Kanal Saint-Martin. Hier kommst Du unter anderem am Quai de Valmy entlang. Dort siehst Du den schönen Kai, wo Du gut spazieren kannst, mit tollen Boutiquen, Bars und Cafés. Weiter geht es über den Boulevard Richard-Lenoir. Hier gibt es den Wochenmarkt Marché Bastille, wohin Du einen Abstecher machen und etwa bummeln gehen kannst. Auch der berühmte fiktionale Detektiv Maigret lebte auf dem Boulevard. Weiter geht es zum Port de l'Arsenal, dem einzigen Hafen von Paris. Er bietet ein paar Liegeplätze für Boote und ist mit einem Garten umrandet. An l'Arsenal kannst Du Dir ein Boot mieten oder Du betrachtest einfach das herrlich schöne Wasser und die Möwen.

RADEL ENTLANG DER SEINE

Nachdem Du Deine Zeit am Port de l'Arsenal genossen hast, geht's mit dem Rad entlang der Seine. Hier kannst Du den Verlauf des berühmten Pariser Flusses genießen. Fahre in Richtung Innenstadt zum ersten Arrondissement zum letzten Stopp des Wasser-Abenteuers.

SIGHTSEEING-FAHRT MIT DREI-GÄNGE-MENÜ

Zuletzt geht es auf der Tour zu einer Kreuzfahrt mit einem köstlichen Abendessen und Live-Musik auf der Seine. Während Du aus dem Fenster des Schiffes blickst und die Pariser Sehenswürdigkeiten betrachtest, genießt Du ein vortreffliches Menü.

Zum Einstieg in diesen kulinarischen Abend auf dem Wasser gibt es zunächst ein Glas edlen Champagner. Ein Drei-Gänge-Menü mit Vor-, Haupt- und Nachspeise ist ebenfalls bei der Schifffahrt inbegriffen. Sogar vegane Alternativen sind für die Gäste verfügbar. Auch Wein, Tee, Kaffee oder Wasser kannst Du auf der Seine verköstigen, während Du die fantastische, live gespielte Musikunterhaltung auf der Mini-Seereise durch die französische Hauptstadt genießt.

Durch großartige Plätze an den Fenstern kannst Du den Ausblick auf Paris genießen. Hier kannst Du die Wahrzeichen der Stadt noch einmal aus einem ganz anderen Blickwinkel entdecken. Bauwerke wie den Eiffelturm, den Louvre und die Kathedrale Notre-Dame bei Abendlicht und nächtlicher Beleuchtung zu sehen, ist etwas ganz Besonderes, was Du nicht auslassen solltest.

HIER GIBT'S KARTEN FÜR DIE SCHIFFSFAHRT

erlebn.is/
seine-dinner

KOMPLETTE TOUR IN GOOGLE MAPS

erlebn.is/
paris-wasser

12 AUSFLUG ZU DEN SCHAUPLÄTZEN DES D-DAY

Es geht an die Nordküste Frankreichs – in die Normandie. Auf dieser Tour erkundest Du die Geschichte des Landes im Zusammenhang mit dem Zweiten Weltkrieg. Am 6. Juni 1944 landeten die Alliierten in der Normandie, um gegen die Deutschen zu kämpfen. Es gibt zahlreiche Erinnerungsstätten, Museen und Friedhöfe, die dem sogenannten D-Day, dem Stichtag dieser Landung, gedenken. Vor allem für Geschichtsinteressierte lohnt sich dieser Ausflug.

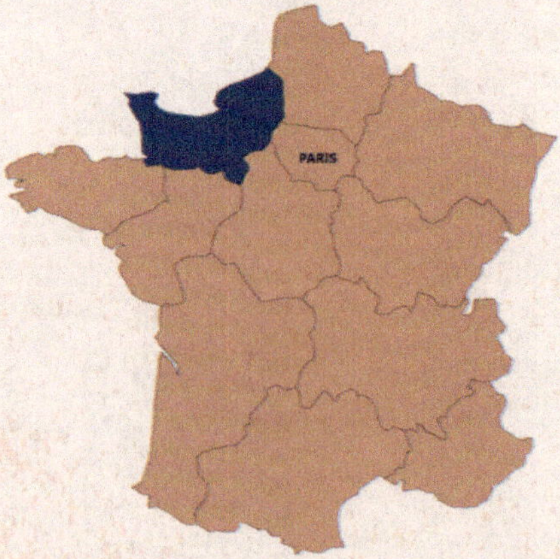

Es geht los in Bayeux. Hier gibt es ein Museum, in dem Du Dich mit dem D-Day vertraut machen kannst. Die Tour setzt fort in Omaha Beach und Utah Beach, wo es weitere Museen zum D-Day gibt. Danach kannst Du Dir die Strände selbst mit ihren zahlreichen Bunkern und den Denkmälern ansehen. Auch ein Besuch auf den Friedhöfen ist bedeutsam, um sich über das Ausmaß klar zu werden. Zwischendrin geht es noch in den Ort Sainte-Mère, wo ein amerikanischer Soldat mit seinem Fallschirm an einer Kirche hängen blieb. Noch immer erinnert ein Fallschirm an dem Gebäude an den Mann.

REISE GANZ FRÜH AN ODER ÜBERNACHTE IN BAYEUX

Bei dieser Tour wirst Du den ganzen Tag unterwegs sein. Die Anreise von Paris aus dauert mit dem Auto drei Stunden. Mit dem Zug bist Du in vier Stunden in Bayeux. Damit Du den Tag in der Normandie voll und ganz genießen kannst, empfehlen wir Dir, schon einen Tag vorher nach Bayeux oder zur nahe gelegenen Stadt Caen anzureisen und dort eine Nacht zu verbringen. So brichst Du in aller Frische morgens auf.

BEGINNE MIT DEM MUSÉE DE LA BATAILLE IN BAYEUX

Los geht die Tour früh morgens im kleinen Ort Bayeux in der Normandie. Wenn Du ein wenig recherchierst, wirst Du feststellen, dass die komplette Gegend mit Museen um die Militäroperationen in der Normandie im Jahr 1944 gepflastert ist. So auch in dem kleinen Ort Bayeux. In dem hier ansässigen Musée de la Bataille werden Fahrzeuge, Waffen und Uniformen ausgestellt. Aber auch Filmmaterial aus Archiven wurde zusammengestellt und so visuell aufgearbeitet, dass Du diesen geschichtsträchtigen Tag auch noch heute nachvollziehen kannst.

D-DAY: DAS UNGEHEUER VON OMAHA UND UTAH BEACH

Wir empfehlen Dir, Dir zuerst die Museen zum Thema D-Day anzuschauen und Dich mit dem Thema besser vertraut zu machen, bevor Du zu den Stränden gehst. An Omaha Beach und Utah Beach und in den Museen wird vor allem an die amerikanischen Soldaten erinnert.

Der Omaha Beach genannte Strand, wo das amerikanische Militär landete, liegt in den Orten Colleville-sur-Mer und Saint-Laurent-sur-Mer. Du findest dort mehrere Museen, die sich mit dem D-Day auseinandersetzen, wie das Museum D-Day Omaha, das Musée Mémorial d'Omaha Beach und das Overlord Museum. Nachdem Du Dich mental in den Museen vorbereitet hast, kannst Du Dir die zahlreichen Bunker, Denkmäler und Friedhöfe ansehen, die Du überall in der Umgebung finden kannst.

JOHN STEELES FALLSCHIRM AN DER SAINTE-MÈRE

Der älteste Soldat der F-Kompanie, John Steele, sprang am 6. Juni 1944 mit einem Fallschirm aus einem Flugzeug ab. Doch der Fallschirm des Amerikaners verfing sich im Eckturm der Kirche in der Gemeinde Sainte-Mère-Église. Er schaffte es nicht, sich zu befreien und hing mehrere Stunden an dem Gotteshaus, während er mit ansehen musste, wie seine Kameraden gegen die Deutschen kämpften. Zudem läutete die Kirchenglocke und verursachte eine vorübergehende Taubheit bei Steele. Nach dem Gefecht kam er in deutsche Gefangenschaft, von wo er später entkommen konnte. Seine Geschichte wurde mit „Der längste Tag“ 1962 als Film und bereits zuvor als Buch erzählt. Bis heute hängt ein Fallschirm an der Kirche, außerdem ist in dem Ort ein Hotel nach John Steele benannt.

KOMPLETTE TOUR IN GOOGLE MAPS

erlebn.is/
d-day-tour

UNSER TIPP:

erlebn.is/
bayeuxshuttle

Travelers' Choice
Tripadvisor

Wenn Du Lust darauf hast, geführt zu werden und dabei einiges interessantes über die Landung in der Normandie zu erfahren, buche eine geführte Tour bei Pascal oder Chloe. Du wirst direkt in Bayeux, am Place de Quebec, um 08:45 Uhr abgeholt. Mach Dich auf eine spannende Tour gefasst: Es geht nämlich direkt nach Omaha Beach, mit dem riesigen Friedhof gefallener Amerikaner, zum Pointe Du Hoc, der berühmt-berüchtigten Kirche Sainte-Mère und zum Utah Beach. Um spätestens 16:45 Uhr bist Du wieder zurück in Bayeux und kannst noch am selben Tag gemütlich nach Paris zurückfahren. Buchen kannst Du direkt online über die Webseite von Bayeux Shuttle.

4 - 5 Stunden 13. Arrondissement

13 SCHNAPP DIR EIN RAD UND ENTDECKE STREET-ART IM 13. BEZIRK

Bei dieser Tour geht's in das 13. Arrondissement. Sie ist perfekt für Dich, wenn Dir Street-Art gefällt und Du Startups magst. Hier kannst Du jede Menge hippe Orte und coole Kunstwerke entdecken.

Los geht es mit dem Betrachten der urbanen Kunst im 13. Arrondissement auf Hausfassaden, Mauern und überall, wo Du sie sonst noch entdeckst. In diesem Stadtteil kannst Du einzigartige Street-Art von bemerkenswerten Kunstschaffenden wie Miss.Tic, Tristan Eaton und Shepard Fairey entdecken. Danach geht es in die Galerien in dem Arrondissement mit eindrucksvollen Werken der zeitgenössischen Kunst. Bei der nächsten Station, Les Frigos, befinden sich viele Ateliers von zahlreichen Kunstschaffenden mit verschiedensten Berufen, das Du unbedingt sehen solltest. Zum Schluss geht es noch zum größten Startup-Campus der Welt, der Station F.

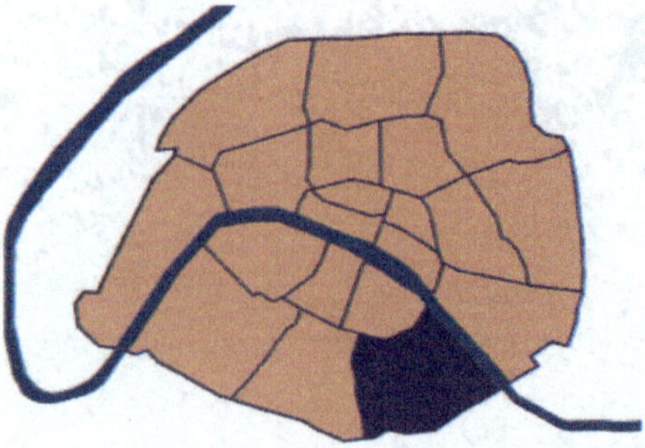

Ein Arbeiterviertel mit vielen Migranten

Durch seine Bedeutung für die Industrie zog das 13. Arrondissement immer mehr Arbeiter an. Als neue Hochhäuser in dem Stadtteil gebaut wurden, zogen mehr und mehr Migranten und Geflüchtete dort ein. Viele Menschen aus Ostasien kamen, weswegen das sogenannte Quartier asiatique und China Town hier entstand. Andere kamen aber auch von anderen Orten wie Nordafrika her.

Dieser Stadtteil beherbergt viele schöne Gegenden wie die idyllische Umgebung auf dem Hügel Butte aux Cailles. Ob riesengroß oder klein, im Comic-Stil oder eher realistisch dargestellt, schwarz oder in bunt – mittlerweile fällt das 13. Arrondissement durch seine Street-Art auf. Menschen aus aller Welt kommen her, um sich hier die beeindruckenden Bilder auf den Häuserwänden anzusehen.

Kunst von Miss.Tic, Tristan Eaton und Shepard Fairey

Die bekannte Künstlerin Miss.Tic arbeitete vorrangig mit Schablonen und ihre Fresken zeigen häufig Frauen. Ein weiterer Bekannter der Szene ist der Amerikaner Tristan Eaton. In seinen bunten Kunstwerken befinden sich immer gleich mehrere Motive, die zu einem gemeinsamen verschmelzen. Auch Arbeiten von Shepard Fairey, der Barack Obamas „Hope“ Plakat entwarf, schmücken diesen Pariser Stadtteil.

ZAHLREICHE GALERIEN FÜR ZEITGENÖSSISCHE KUNST

Wem die Kunst der Gegenwart auf den Straßen von Paris gefällt, kann einige Galerien im 13. Arrondissement aufsuchen. Hier gibt es grandiose Werke. Viele Kreationen französischer, internationaler Street-Art-Kunstschaffender hängen zum Beispiel in der Galerie Mathgoth. Darunter sind beispielsweise Jef Aérosol, die bereits angesprochene Miss.Tic und Gérard Zlotykamien. Street-Art-Bilder, Fotos und Bücher über einige Künstler*innen werden hier auch verkauft.

Eine weitere Galerie für urbane Kunst ist die GCA Gallery. Kunstschaffende wie C215, Dzia und Mokomad'moiselle sind hier ausgestellt. Auch hier kannst Du einige der Werke erwerben.

In der Ki Galerie werden Arbeiten von Anne Mondy und Christelle Chanabaud ausgestellt.

MACHE EINEN ABSTECHER ZUM KUNSTKOMPLEX LES FRIGOS

Les Frigos repräsentiert den freien Künstlergeist der Street-Art-Szene von Paris. Früher war das Gebäude ein Kühlhaus, ab den 1980ern wurde es zu einem Ort, an dem Kunstschaffende in Ateliers arbeiten. Lass Dich nicht abschrecken. Das Gebäude sieht aus wie eine verlassene Ruine mit mehreren Etagen und vielen besprayten Wänden. Hier sollte jeder Street-Art-Fan mal vorbeischauen!

STATION F: DER WELTWEIT GRÖSSTE STARTUP-CAMPUS

Ein wenig wie das französisches Silicon Valley: Zum Ende der Tour geht's zur Station F, dem weltweit größten Startup-Campus. Der inspirierende Ort versteht sich als eine Art Startup-Universität, jedoch nicht nur für Tech-Unternehmen. In einer Art Coworking-Space kommen auf 34.000 Quadratmetern hunderte Startups aus unterschiedlichen Branchen zusammen. Etwa 3.000 Arbeitsplätze für Menschen aus 50 verschiedenen Ländern sind dort versammelt. Frankreich möchte dadurch mehr und mehr zu einer Startup-Nation werden.

Auch Restaurants gibt auf dem Campus. Mit La Felicità gibt es sogar eine Art Food-Oase, wo sich mehrere Küchen befinden. Regelmäßig finden Events wie Partys und Karaoke in der Station F statt. Komm unbedingt vorbei!

erlebn.is/
paris-gobelins

KOMPLETTE TOUR IN GOOGLE MAPS

WIR EMPFEHLEN:

Die Szene-Guides
Cédric und Clément

erlebn.is/simply-france-tours

Cédric und Clément sind echte Kenner der Szene. Sie führen Dich entlang berühmter Werke im 13. Bezirk. Genieße eine schöne und entspannte Radtour, mit einem lokalen Guide an Deiner Seite. Die Tour startet mehrmals wöchentlich um 14:30 Uhr.

Simply France TOURS

14 Wandel auf den Spuren berühmter Künstler*innen

Paris ist ohne Zweifel ein Ort, der von Kunst beeinflusst wurde. Viele Kunststile fanden hier ihren Ursprung, ihr Ende und ihren Höhepunkt. Zahllose Kunstwerke aus unterschiedlichsten Epochen wurden in der französischen Hauptstadt geschaffen. Und wurden sie es nicht, so ist es nicht unwahrscheinlich, dass sie dennoch ihren Weg nach Paris gefunden haben und mittlerweile in einem der vielen Kunstmuseen hängen. Wenn Du zeitlose Kunst von den größten Künstler*innen bestaunen möchtest, bist Du bei diesem Rundgang richtig. Los geht's mit dem Louvre, dem weltweit meistbesuchten Kunstmuseum. Danach folgt das Musée de l'Orangerie mit Werken von Monet. Weiter geht es mit Gemälden von van Gogh im Musée d'Orsay sowie Skulpturen von Rodin im Musée Rodin. Anschließend geht's zu Eugène Delacroix' ehemalige Wohnung. Zum Abschluss gibt's noch ein paar Werke von Picasso.

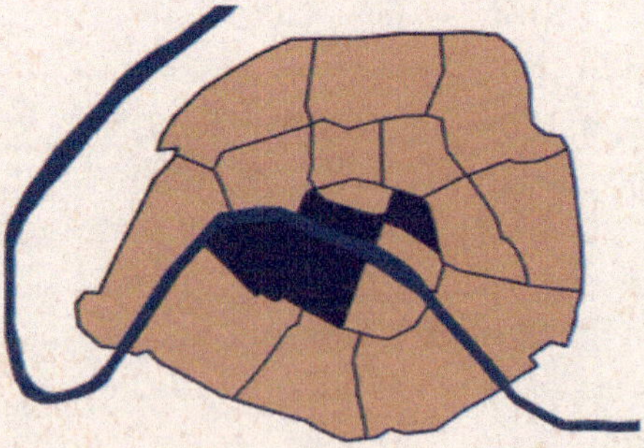

DER LOUVRE: DAS WELTWEIT GRÖSSTE KUNSTMUSEUM

Die Tour startet im meistbesuchten Kunstmuseum der Welt. Hier hängen Tausende von Gemälden, außerdem stehen hier Skulpturen sowie die Überreste der Louvre-Festung. Informiere Dich am besten vorher darüber, was ausgestellt wird, denn man könnte Tage im Louvre verbringen und hätte immer noch nicht alles gesehen. In dem Museum hängt unter anderem die berühmte „Mona Lisa“ von Leonardo da Vinci. Andere bekannte Kunstwerke sind darüber hinaus die „Venus von Milo“ von Alexandros von Antiochia, „Die Hochzeit zu Kana“ von Paolo Veronese und die „Nike von Samothrake“. Falls Du Dein Ticket nicht vorher online buchst, versuche mit dem Le Carrousel Du Louvre einen schnelleren Zutritt zum Louvre mit weniger Menschenschlangen zu bekommen. Einen Versuch ist es wert!

MONETS SEEROSEN IM MUSÉE DE L'ORANGERIE

Die wohl berühmtesten Exponate in dem Musée de l'Orangerie sind die acht Seerosen-Gemälde von Claude Monet. Auch Monets „Argenteuil“ und Werke von Paul Cézanne, Alfred Sisley, Marie Laurencin, Paul Gauguin, Henri Matisse und Auguste Rodin sind hier ausgestellt. Vor allem Werke des Kunststils Impressionismus sind hier zu sehen.

DAS SELBSTBILDNIS VON VAN GOGH IM MUSÉE D'ORSAY

Auf der anderen Seite der Seine, nicht weit von dem vorigen Stopp der Tour, liegt das Musée d'Orsay. Dieses Museumsgebäude hatte früher einen ganz anderen Zweck: Damals war es ein Bahnhof, der Gare d'Orsay.

Dieses Museum stellt unter anderem viele der Gemälde von van Gogh aus, darunter zwei seiner Selbstbildnisse. Er fertigte viele Darstellungen von sich selbst an, da er als damals nicht erfolgreicher Künstler kein Geld hatte, um Menschen zum Modellstehen zu bezahlen. Außer den Werken von van Gogh werden hier auch tausende andere ausgestellt. Darunter sind zum Beispiel „Abendgebet" von Jean-François Millet und „Le château des papes" von Paul Signac. Neben Gemälden gibt es auch Grafiken, Skulpturen und Fotografien als Exponate.

DER KUSS VON AUGUSTE RODIN IM MUSÉE RODIN

Das Spezielle an dem Musée Rodin ist, dass Du Dir Werke sowohl draußen als auch in dem Gebäude ansehen kannst. In einem Garten stehen zahlreiche Skulpturen von Auguste Rodin, dessen Arbeiten hauptsächlich ausgestellt werden. Zwei seiner bekanntesten Werke, „Der Kuss" und „Der Denker" befinden sich hier. Auch Arbeiten von Vincent Van Gogh und Camille Claudel gibt es vor Ort zu sehen.

DELACROIX' "FREIHEIT, DIE DAS VOLK FÜHRT"

Weiter geht's zum Musée national Eugène Delacroix. Hier wird die frühere Wohnung vom Künstler Eugène Delacroix in Saint-Germain-des-Prés besichtigt, wo er seine letzten Lebensjahre verbrachte. Aber auch viele Gemälde und Zeichnungen vom Künstler kannst Du betrachten, genau wie Möbel und andere Dinge, die Eugène Delacroix besaß.

PABLO PICASSOS MUSE UND GELIEBTE DORA MAAR

Zum Abschluss der Tour geht es zum Musée Picasso. Hier werden vorrangig Werke des Malers Pablo Picasso ausgestellt. Zu den in dem Museum ausgestellten Gemälden gehört unter anderem das Porträt der Dora Maar. Die französische Künstlerin war eine Muse für Picasso. Weitere Werke sind das „Porträt von Olga Koklova“ und das „Massaker in Korea“.

erlebn.is/
paris-kunsttour

KOMPLETTE TOUR IN GOOGLE MAPS

4 - 5 Stunden | 5., 10., 18. + 19. Arrondissement

15 ERKUNDE DIE PARISER JAZZ-SZENE

Paris hat direkt mit der Musikrichtung Jazz zu tun. Einflussreiche Musiker*innen wie Django Reinhardt kamen hierher. Diese Tour ist für Musikinteressierte und Jazz-Fans ein idealer Weg, die französische Hauptstadt auf eine außergewöhnliche Weise kennenzulernen.

Los geht die Tour mit den Wurzeln des Gypsy-Jazz. Bei dem Flohmarkt Marché Aux Puces wuchs Django Reinhardt auf, der eine essenzielle Rolle in der Entwicklung der Musikrichtung spielte. Um die Ecke des Flohmarktes befindet sich das Lokal La Chope des Puces, wo Du live gespielten Gypsy-Jazz hören und dabei lecker speisen kannst. Dann geht es in den Plattenshop Paris Jazz Corner, in dem Du einige Raritäten entdecken kannst. Der nächste Stopp ist der beliebte Jazz-Club New Morning, in dem schon viele Musikgiganten auftraten. Zum Abschluss geht es zu einem tollen Musikfestival im Park.

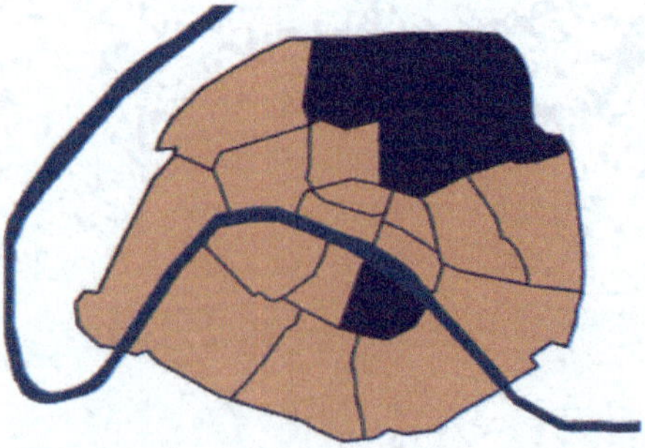

AUF DEN SPUREN DES GYPSY-JAZZ AUF DEM MARCHÉ MALASSIS

Los geht es auf dem Marché Malassis. Er gehört zum größten Flohmarkt der Welt, zum Marché Aux Puces in Saint-Ouen. Auf dem Marché Malassis werden vorzugsweise restaurierte Möbel und Antiquitäten verkauft. Der außergewöhnliche Flohmarkt ist durch eine Kuppel überdacht. An einem Samstag oder Sonntag ist dieser riesige Trödelmarkt ein perfektes Ausflugsziel. Der legendäre Musiker Django Reinhardt, der eine zentrale Figur für die Entwicklung des europäischen Jazz und der Erfindung des Gypsy-Jazz spielte, wuchs in der Umgebung bei dem Pariser Flohmarkt auf. Auch andere Kunstschaffende wurden auf diesem Markt inspiriert.

UNSER GEHEIMTIPP: LIVE GYPSY-JAZZ IM CHOPE DES PUCES

Was gibt es Besseres, als eine Musikrichtung gleich in der Gegend zu hören, in der ihr Ursprung liegt? Hinter dem Flohmarkt befindet sich das Lokal La Chope des Puces, in dem sowohl live Gypsy-Jazz gespielt wird, als auch gegessen werden kann. Traditionell französische Gerichte wie Crème brûlée oder Crêpes kannst Du in dem Restaurant bestellen.

erlebn.is/
chope-puces

€€€€€

STÖBERE DURCH SELTENE VINYLS IM PARIS JAZZ CORNER

Dieser coole Plattenladen ist ein wahrer Traum für alle Jazz-Fans. Hier gibt es Vinylplatten und CDs zu kaufen. Dabei gibt es oft auch einige Schätze, die sonst eher selten zu finden sind. Egal, ob French Jazz, Blues, Big Bands, improvisierte Musik, Fusion, Gospel oder was auch immer Du bevorzugst – hier gibt es Platten zu jeder Unterkategorie.

LA PETITE HALLE: OPEN-AIR FOOD HALL MIT LIVE-MUSIK

Weiter geht es zum schönen Garten La Petite Halle, in dem regelmäßig Jazz-Musik gespielt wird. Konzerte, Partys und Festivals kannst Du dort genießen, während Du Dich an der herrlichen Natur erfreust. Gleichzeitig ist es auch ein Restaurant.

Zu den köstlichen Gerichten im La Petite Halle gehören unter anderem Bruschetta oder Salate als Vorspeisen. Auch Nudelgerichte und Fleischspeisen können bestellt werden. Wenn Du Pizza magst, wirst Du Dich im La Petite Halle ebenfalls wohlfühlen. Klassiker wie Margherita, Quattro Formaggi, Calzone sowie vegetarische Pizzen kannst Du hier wählen. Auch köstliche Desserts wie Vanilleeis oder Pannacotta kannst Du hier verspeisen. Viele der Gerichte sind sogar für Vegetarier und Veganer geeignet.

NEW MORNING: JAZZ-CLUB IN GEMÜTLICHEM AMBIENTE

Weiter geht es zum berühmten Jazz-Lokal New Morning. Seit den 1980er-Jahren gibt es hier Live-Jazz. Sogar die ganz Großen wie Bob Dylan, B. B. King und Prince traten in dem Club auf, den Du als Jazz-Fan unbedingt besuchen solltest. Zahllose unvergessliche Konzerte gab es hier bereits und auch einige Live-Alben wurden hier aufgenommen.

HIGHLIGHT: DAS PARIS JAZZ FESTIVAL IM PARC FLORAL

Zum krönenden Abschluss geht es in den Parc Floral, wo in den Sommermonaten jährlich ein Jazz-Festival stattfindet. Zwischen blühenden Pflanzen, großen Bäumen und viel Grün hörst Du fantastischen Jazz, zu dem Fans aus der ganzen Welt anreisen.

Seit den 1990ern gibt es das Paris Jazz-Festival in der Natur. Bekannte Musiker*innen aus der Szene werden von dem Event in Paris angelockt und performen hier auf den grünen Wiesen des Parks für das Publikum. Tausende Jazz-Fans kommen in der Grünanlage in der französischen Hauptstadt zusammen, um ihre Lieblingsmusikrichtung zu genießen. Zig Konzerte finden über Wochen statt. Größen wie Didier Lockwood, Angélique Kidjo, Roy Hargrove und Gregory Porter traten schon dort auf.

erlebn.is/
paris-jazz

KOMPLETTE TOUR IN GOOGLE MAPS

16 Hoch hinaus: Erlebe Paris von oben

Wenn Du schon immer hoch hinaus wolltest, ist diese Tour wie für Dich gemacht. Hier kannst Du Paris von oben sehen und herrliche Panoramablicke auf die Stadt genießen. Dabei entdeckst Du außerdem coole Orte und Geheimtipps, manche davon sind sogar gratis!

Die Tour beginnt mit dem weltweit größten Fesselballon. Mit dem Generali Ballon kannst Du über der Stadt schweben und den Ausblick genießen. Weiter geht es mit einem riesigen Hochhaus, das gleich mehrere Aussichtsplattformen hat. Danach folgt das Panthéon, das eine Ruhestätte für viele berühmte französische Menschen ist. Du kannst hier zudem nach oben steigen und den Blick genießen. Danach geht es in einen Park, in dem Du hoch oben über Paris bist. Hier musst Du keinen Eintritt bezahlen. Und apropos gratis: Auch der Eintritt im nächsten Stopp ist kostenlos. In der Galeries Lafayette kannst Du zwar eine teure Shopping-Tour machen, aber der Aufstieg zur Dachterrasse des Kaufhauses ist kostenlos. Danach kannst Du noch in der Rooftop-Bar des Terrass' Hotels superlecker Französisch speisen und die Aussicht auf Paris genießen.

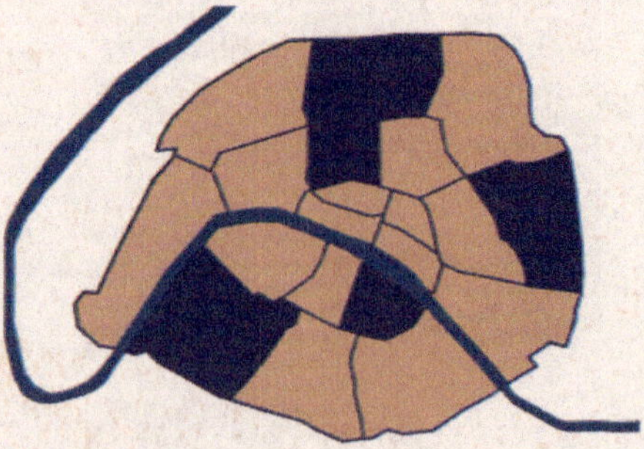

DER WELTWEIT GRÖSSTE BALLON: DER GENERALI BALLON

Deine Tour oberhalb von Paris beginnt mit dem weltweit größten Fesselballon. Die als Generali Ballon bekannte Sehenswürdigkeit befindet sich im Parc André-Citroën. Seit 1999 ist er eine beliebte Attraktion, die bis zu 150 Meter empor schwebt. Das reicht definitiv für eine tolle Aussicht über Paris. Insgesamt kann er pro Fahrt etwa 30 Fahrgäste mitnehmen. Besuchst Du den Ballon, achte auf gutes Wetter, damit die Ballonfahrt auch stattfindet und Du auch coole Shots für Insta machen kannst. Der weltweit größte Fesselballon kann aber noch mehr, als Dich in die Lüfte zu heben. Er gibt auch Aussagen über die Luftqualität der Stadt, auf einer Skala zwischen gut und miserabel, indem er seine eigene Farbe wechselt. Blau bedeutet, dass die Luftqualität aktuell gut ist und lila bedeutet miserabel.

EINZIGARTIGE AUSSICHTEN VOM TOUR MONTPARNASSE

Der nächste Halt auf der Tour ist ein sehr hoher Wolkenkratzer. Mit 59 Stockwerken kommt der Tour Montparnasse auf ganze 210 Meter. Im 56. Stockwerk des Gebäudes befindet sich eine Aussichtsplattform. Aber Du kannst noch höher hinaus, denn ganz oben gibt es eine Dachterrasse. Genieße hier neben dem Ausblick auch ein Glas Champagner!

BESONDERS BEMERKENSWERT: DIE AUSSICHT VOM PANTHÉON

Eigentlich sollte das Pariser Panthéon eine Kirche werden. Mittlerweile ist es jedoch zu einer Gedenkstätte für bedeutende Persönlichkeiten aus Frankreich geworden. Hier liegen unter anderem das Wissenschaftspaar Marie und Pierre Curie, der Schriftsteller Victor Hugo und der Philosoph Jean-Jacques Rousseau. Auf das Panthéon kommst Du vielleicht nicht als Erstes, wenn Du an eine schöne Aussicht denkst. Tatsächlich kannst Du aber auch hier in die Höhe steigen. Etwas mehr als 200 Stufen musst Du gehen, um den Säulengang zu erreichen. Von dort oben aus hast Du dann einen herrlichen Blick auf Paris.

AUSSICHT AUF PARIS VOM PARC DE BELLEVILLE

Ein weiterer schöner Ort für einen tollen Ausblick auf das Stadtpanorama von Paris ist der Parc de Belleville. Diese sympathische Grünanlage liegt in etwa 30 Meter Höhe. Ein Besuch ist komplett kostenlos. Zu der Umgebung des Ortes über den Dächern der Stadt der Liebe gehören unter anderem auch ein Weinberg, zahlreiche Bäume und einige, schöne Brunnen.

GÜNSTIGER BLICK AUF PARIS VON DER GALERIES LAFAYETTE AUS

Eine weitere Möglichkeit, Paris von oben zu sehen, ist die Galeries Lafayette, die vor allem auch ein Kaufhaus ist. Natürlich kannst Du in dem Kaufhaus auch shoppen gehen. Marken und Geschäfte wie Ralph Lauren, Dior, Burberry und Gucci findest Du hier. Wenn Du Hunger hast, findest Du hier einige gute Lokale. Aber das wahre Highlight wartet auf dem Dach auf Dich. Ganz ohne Bezahlung kannst Du auf die Dachterrasse des Gebäudes gehen. Hier gibt es einen besonderen Blick auf die Stadt. Da die Terrasse nichts kostet, ist sie eine günstige Alternative. Auf dem Dach gibt es zudem eine coole Beachbar!

SCHICKE ROOFTOP-BAR MIT AUSSICHT IM TERRASS' HOTEL

Zum Schluss geht es zu einem Hotel, das bekannt für seine tolle Aussicht ist. Schon einige Zimmer des 1911 erbauten Terrass' Hotels haben einen tollen Ausblick auf Paris. Buchstäblich setzt die Dachterrasse aber noch einen obendrauf. Den Panoramablick kannst Du perfekt bei einem Abendessen genießen, denn auf der Dachterrasse liegt ein exzellentes Restaurant. Du kannst Muscheln bestellen, aber auch Fisch und Salate oder Schokoladen-Eclair und Kokosnuss-Sorbet. Diese Bar ist auch perfekt dazu geeignet, etwas länger zu bleiben und den Abend mit leckeren Cocktails ausklingen zu lassen, während Du glücklich auf Paris schaust.

erlebn.is/
terrass-hotel

€ € € € €

erlebn.is/
paris-hochhinaus

KOMPLETTE TOUR
IN GOOGLE MAPS

5 - 6 Stunden 1., 3., 4., 5., 6., 14. + 15. Arrondissement

17 SCHLENDERE ÜBER DIE PARISER FLOHMÄRKTE

Auf dieser Flohmarkt-Tour werden Träume von Bücherwürmern, Schnäppchenjägern und Vintage-Fans wahr. Während Du jede Menge günstige Secondhand-Ware entdecken kannst, erkundest Du Paris auf eine ganz besondere Art. Doch es geht nicht nur auf die Flohmärkte der Stadt. Diese Tour hält einige sehenswerte Orte und manche Überraschungen bereit!

Los geht es auf dem Flohmarkt Puces De Vanves. Kleidung, Gemälde und Deko-Artikel kannst Du hier erstehen. Beim nächsten Stopp werden die Bücherstände der charismatische Bouquinistes de Paris aufgesucht. Das sind Buchhändler mit einfachen Ständen direkt an der Seine. Hier bekommst Du tolle Mitbringsel. Danach geht's für eine Stärkung in das Büchercafé Livres. Zum Schluss geht es noch zum Flohmarkt Marché aux Puces de la Porte de Montreuil, dem weltweit größten Flohmarkt.

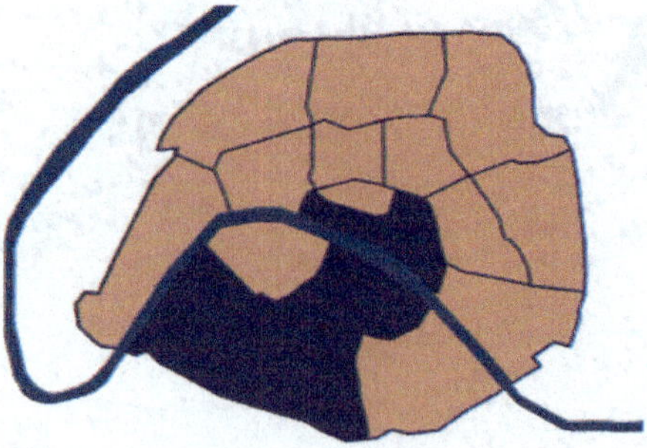

PUCES DE VANVES: FLOHMARKT DER EINHEIMISCHEN

Zu Beginn der Flohmarkt-Tour geht es auf den Flohmarkt der Einheimischen. Der Puces De Vanves findet draußen, ohne Überdachung und am Wochenende statt. Dieser Flohmarkt bietet alles, was die Herzen der Sammler und Bummler begehren. An hunderten von Ständen werden dort jede Menge verschiedener Waren verkauft. Egal, ob Antiquitäten, Bilder, Skulpturen, Möbel oder Schallplatten – auf diesem Flohmarkt findest Du es mit Sicherheit! Schon seit 1905 findet der Puces De Vanves statt. Angeblich sollen sich hier bisweilen sogar einige französische Berühmtheiten herumtreiben und ihr Glück versuchen, einige Schnäppchen und Seltenheiten zu günstigen Preisen zu erstehen.

DER BÜCHERFLOHMARKT IM PARC GEORGES BRASSENS

Nur etwa einen Kilometer vom Puces De Vanves entfernt liegt der Park Georges Brassens. Dieser Bücherflohmarkt ist eine wahre Fundgrube für alle Leseratten. Hier findest Du Bücher, Comics sowie Zeitschriften. Nicht selten sind darunter auch einige Raritäten.

BOUQUINISTES DE PARIS: DIE BUCHHÄNDLER AN DER SEINE

Die Bouquinistes sind kleine Stände, die sich neben der Seine befinden. Diese Art von Händlern existieren bereits seit langer Zeit und sind nicht mehr aus dem Pariser Stadtbild wegzudenken. Es handelt sich hierbei um eine jahrhundertealte Tradition. Sie verkaufen primär Bücher, Poster, Postkarten und Zeitschriften. Viele Händler haben auch Souvenirs wie Taschen, Mini-Eiffeltürme oder Tassen in ihrem Sortiment. Hier gibt es also genügend Gelegenheiten, Dich mit Mitbringsel für Freunde und Familie einzudecken. Die Verkäufer sind meist charismatische Menschen, die ihren Job lieben und sich gerne mit ihren Kunden unterhalten. Außerdem haben viele von ihnen eine Affinität für alte Bücher.

CAFÉ LIVRES: DAS BÜCHERCAFÉ DER ANDEREN ART

Als Nächstes geht's weiter ins Café Livres. In diesem kannst Du zwischen großen Bücherregalen guten Kaffee trinken, internationale Gerichte genießen oder originale französische Crêpes verspeisen. Falls Du zwischen den ganzen Flohmärkten in Ruhe abschalten willst, bist Du hier gut aufgehoben. Bei den Gerichten hast Du die Auswahl zwischen Burgern, Pasta und leckeren Salaten.

erlebn.is/
cafe-livres

€€€€€

VINTAGE UND SECONDHAND IM HIPPY MARKET

Einen Flower-Power-Look wie aus den 1970ern kreieren? Dabei auch noch etwas Gutes für die Umwelt tun? Mit dem Hippy Markt in der Rue Rambuteau ist das kein Problem. Hier gibt es viel Vintage-Mode im Sortiment. Und nicht nur das: Die Kleidung wurde recycelt, womit sie auch ethischen Ansprüchen nach mehr nachhaltiger Ware gerecht wird.

DER MARKT DER FLÖHE: WELTWEIT GRÖSSTER ANTIK-FLOHMARKT

Waren aller Art gibt es auf dem Marché aux Puces de la Porte de Montreuil. Dieser Flohmarkt bildet den Abschluss der Flohmarkt-Tour. Hier gibt es allerhand Güter wie Stoffe, Koffer, Haushaltswaren wie Besteck, Pfannen, Teppiche, Parfüm, Elektronik sowie Taschen. Besonders viele Stände bieten Kleidung zum Verkauf an. Kleider, Mützen, Schals, Hemden, Shirts – hier ist alles dabei. Um all den Trödel zu sehen, empfehlen wir, einiges an Zeit einzuplanen. So kannst Du in Ruhe stöbern. Ein Traum für Sparfüchse und Freunde von Secondhand-Waren!

Dieser Pariser Flohmarkt kann ebenfalls auf eine lange Geschichte zurückblicken, denn den Marché aux Puces de la Porte de Montreuil existiert bereits seit dem Jahr 1860.

KOMPLETTE TOUR IN GOOGLE MAPS

erlebn.is/
paris-flohmarkt

18 KREIERE DEIN EIGENES PARISER PARFÜM

Zwar beginnt die Geschichte des Parfüms im antiken Ägypten und Indien, doch Paris und Frankreich sind ebenfalls Standorte, die für die Vergangenheit und Entwicklung der wohlduftenden Substanz nicht wegzudenken sind. Unternehmen wie Dior, Chanel, Guerlain und Yves Saint Laurent, kommen aus dem Land oder sogar aus seiner Hauptstadt. Zahlreiche Wörter, die damit zu tun haben, wie Parfüm, Bouquet, Flakon und Eau de Toilette klingen aus gutem Grund Französisch und haben meist auch ihren Ursprung dort. Wenn Du Deine eigene Duft-Reise durch Paris starten möchtest, dann ist diese Tour ein toller Wegweiser.

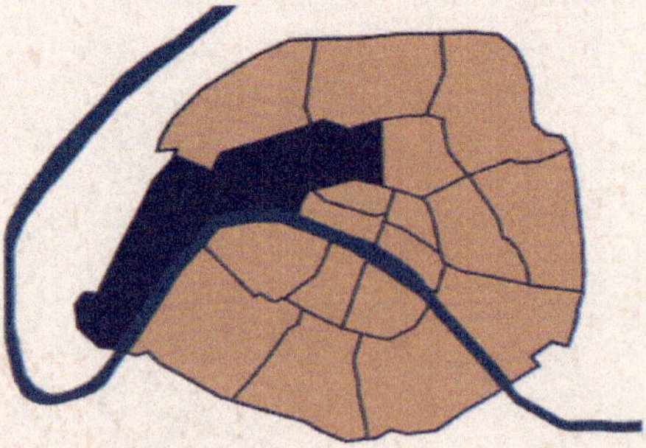

Los geht es im Parfüm-Museum Fragonard. Hier lernst Du einiges über die Geschichte des Parfüms. Danach geht es ins Luxuskaufhaus Galeries Lafayette. Viele Marken verkaufen dort ihre Düfte. Als Nächstes folgt ein Name, der unzertrennlich mit dem Thema Düfte verbunden ist: Es geht zu Guerlain auf der Champs-Élysées. Dort erwarten Dich außergewöhnliche Parfüms. Zum krönenden Abschluss der Tour geht es zu einem Workshop, wo Du lernst, wie Du Dein eigenes Duftwasser kreierst.

EIN WAHRES DUFTPARADIES: DAS FRAGONARD PARFÜMMUSEUM

Die Parfüm-Tour beginnt nur wenige Meter von der Opéra Garnier entfernt im Musée du Parfum. Hier kannst Du einiges über die Geschichte der Düfte lernen. Wie werden sie hergestellt? Wo kommen die Rohstoffe her? Wo kamen sie früher her? Wie haben sich die Gefäße, Fläschchen und Parfüms entwickelt? Welche Duftstoffe gibt es? Die wohlriechenden Flüssigkeiten werfen viele Fragen auf, die Du alle in dem Museum stellen kannst. Außerdem kannst Du hier in die Geheimnisse der Herstellungsweisen von Parfüms einzutauchen. Dafür sind viele Flakons und Rohstoffe ausgestellt. Du findest auch einige kuriose Ausstellungsstücke und Fakten aus der Geschichte der Düfte.

Außerdem hast Du auch die Gelegenheit, Dinge wie Seifen in allen Formen und Farben sowie Duftkerzen zu erwerben. Entweder schaust Du Dir auf eigene Faust das Museum an oder Du buchst direkt im Museum eine interessante Tour, in der Du noch mehr über die Welt des Parfüms lernen kannst.

DIE WELTBESTEN PARFÜMS IN DER GALERIES LAFAYETTE

Der nächste Stopp ist das Kaufhaus Galeries Lafayette, in dem Du zahlreiche Luxusgüter der besten Marken bekommst. Neben Restaurants und Cafés findest Du auch bekannte Shops. Dazu gehören auch unzählige Geschäfte mit Parfüms und Düften.

Zahlreiche Shops in dem Warenhaus beschäftigen sich mit genau diesem Thema. Gerade im Erdgeschoss findest Du viele kleine Shops, die eher wie eine Art kleine, edle Stände sind, die ihre Parfüms anbieten. Zu den Läden und Marken, die im Kaufhaus Düfte verkaufen, gehören unter anderem Estée Lauder, Gucci, Chloé, Dior, Jo Malone und natürlich Chanel.

EINZIGARTIGE DUFTKREATIONEN IM GUERLAIN

Weiter geht es mit einem Halt bei Guerlain in der Champs-Élysées. Die Familie gehört wohl unbestritten zu den wichtigsten Parfümeuren der Geschichte. Seit der Gründung wurden Hunderte von Düften kreiert. Die Boutique auf der Champs-Élysées ist besonders sehenswert. Hier kannst Du allerlei Flakons in allen Farben und Formen entdecken.

ERSTELLE DEIN EIGENES PARISER PARFÜM

GET YOUR GUIDE

erlebn.is/
paris-parfum

Jeder Mensch hat andere Vorlieben. Das gilt auch für Düfte. Da jede Person andere Gerüche bevorzugt, ist es manchmal schwierig, das richtige Parfüm zu finden. Aber es muss nicht immer ein vorgefertigter Duft sein! Als krönenden Abschluss der Parfüm-Tour durch Paris geht

es zu einem Workshop, bei dem Du selbst einen Duft erstellen kannst. So bekommt das persönliche Parfüm wortwörtlich eine eigene, charakteristische (Duft-)Note.

Bei diesem Kurs lernst Du mithilfe eines Duftexperten, wie Du ein Parfüm zusammenstellst. Zum Schluss hast Du Deinen eigenen, kleinen 50 Milliliter-Flakons abgefüllt. Falls Du mit dem Flugzeug anreist, ist das übrigens eine ideale Größe. Dadurch musst Du Dir nämlich keine Sorgen machen, dieses einzigartige Andenken bei der Sicherheitskontrolle zurücklassen zu müssen.

Diese Aktivität ist eine einzigartige Erfahrung, die die Sinne anspricht. Hier kannst Du lernen, wie Du Deine Persönlichkeit durch Düfte ausdrückst. Stelle bei diesem Workshop aus einer Vielfalt von Düften Dein eigenes Parfüm her und erinnere Dich immer an Deinen Paris-Trip, wenn Du es zuhause aufträgst.

KOMPLETTE TOUR IN GOOGLE MAPS

erlebn.is/
paris-parfum-tour

19 ERLEBE EINEN KULTURTAG IN PARIS

Dass Paris eine der wichtigsten Metropolen für Kultur ist, steht wohl außer Frage. Egal, ob jahrhundertealt oder doch zeitgenössisch – neue und alte Kunst, Kulinarik, Mode, Literatur, Musik und Architektur kommen hier zusammen. Wenn Du Kultur erleben willst, solltest Du Dir definitiv diese Tour vorknöpfen. Folgst Du allen Stationen, entdeckst Du lauter coole Spots zum Thema. Los geht die Kultur-Tour im Fluctuart – auf einem Schiff mit lauter Werken der zeitgenössischen Kunst. Sogar von großen Namen wie Banksy, Keith Haring und Miss.Tic gibt es hier Exponate zu sehen. Der nächste Stopp ist das Hôtel des Invalides. Hier kannst Du in verschiedenen Museen viel über die Geschichte des französischen Militärs lernen. Im Invalidendom kannst Du Dir danach einige Grabstätten berühmter Franzosen wie Napoléon Bonaparte ansehen. Im Palais Garnier erlebst Du die Hochkultur in voller Pracht: Hier werden Konzerte, Ballett- und Opernaufführungen angeboten. Auch die Architektur des Opernhauses ist einen Stopp wert. Als Alternative zur Oper stellen wir Dir noch das legendäre Varietétheater Moulin Rouge vor, wo Du tolle Shows erleben kannst.

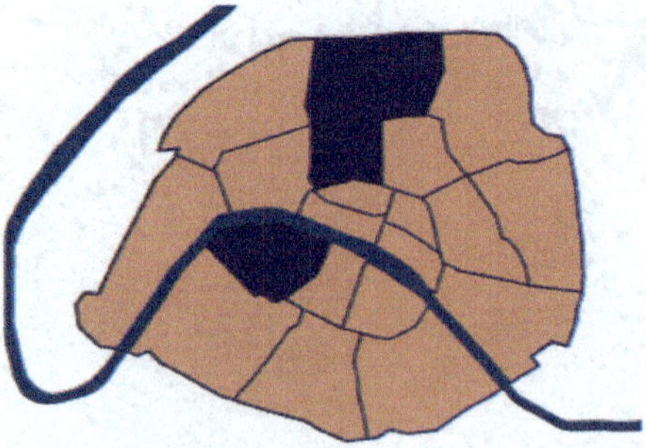

FLUCTUART: URBANES KUNSTZENTRUM IM HERZEN VON PARIS

Kunst der aktuellen Zeit kannst Du im Fluctuart direkt an der Seine sehen. Auf mehreren Stockwerken stellt es Urban-Art für alle Zielgruppen auf einem Schiff aus. Werke von bekannten Künstler*innen wie Banksy, Keith Haring, Invader, Gérard Zlotykamien, Miss.Tic und C215 kannst Du dauerhaft in der insgesamt 1.000 Quadratmeter großen schwimmenden Kunstausstellung sehen. Das Schiff ist der Beginn der Tour zum Thema Kultur. Du kannst Dir aber nicht nur tolle Gewerke auf dem ersten schwimmenden urbanen Kunstzentrum der Welt ansehen. Du findest außerdem auch ein Restaurant hier, in dem Du gut und lecker speisen kannst.

EINE EINRICHTUNG, FÜR INVALIDE, MITTELLOSE SOLDATEN

Das Hôtel des Invalides wurde im 17. Jahrhundert errichtet und zunächst als Ort genutzt, um sich um Kriegsversehrte zu kümmern. Heutzutage dient es als Platz für mehrere Museen. Darunter ist etwa das Musée de l'Armée, in dem Du mehr über Kriegswaffen, Abzeichen und Rüstungen aus verschiedenen Epochen unserer Zeit erfahren kannst.

WO DER GROSSE NAPOLÉON BONAPARTE BEGRABEN LIEGT

Weiter geht es immer noch im selben Gebäudekomplex wie der vorige Stopp der Tour. Hier befindet sich auch der Invalidendom. Der Dom des Invalides war zunächst als eine Kirche gedacht. Doch seit 1840 wird er als Ruhestätte für Napoléon I. verwendet. Aber auch andere bekannte Franzosen sind hier begraben worden, wie Napoléons Brüder Joseph und Jérôme. Zudem wurde der Autor der Marseillaise, Rouget de Lisle, dort bestattet. Auch der Sohn von Napoléon I., Napoléon Franz Bonaparte, liegt hier.

ABSOLUTES KULTUR-HIGHLIGHT: EINE AUFFÜHRUNG IM PALAIS GARNIER

Der Palais Garnier wird auch Opéra Garnier genannt. Das Opernhaus wurde im 19. Jahrhundert errichtet und nach seinem Erbauer, dem Architekten Charles Garnier benannt. Es dient auch als Kulisse und Handlungsort der berühmten Erzählung über das Phantom der Oper, die auf verschiedene Weisen verarbeitet wurde. Für einen Halt auf der Tour zum Thema Kultur ist die Oper in mehrerer Hinsicht ideal geeignet. Sie ist architektonisch ansprechend, mit ihrem Grand Foyer, dem Zuschauerraum, den Freskos, Gemälden und Mosaiken an Decken und Wänden und Details in dem Gebäude. Tatsächlich inspirierte die Oper auch mehrere Kunstschaffende dazu, Gemälde zu malen. Beispielsweise wurde das Foyer de la Danse in dem Opernhaus von Edgar Degas verewigt.

Aber natürlich dient das Opernhaus primär einem Zweck: Aufführungen. Dazu zählen auch Ballettdarbietungen und Konzerte. Besorge Dir unbedingt im Vorfeld Tickets für eine Show, denn dieser Ort ist der perfekte Abschluss Deines Kulturtages in Paris.

ALTERNATIVE ZUR OPER: EINE VARIETÉ-SHOW IM MOULIN ROUGE

Wenn Du nicht so sehr auf Opern, Ballett oder Konzerte der klassischen Musik stehst, kannst Du alternativ ins Varieté Moulin Rouge gehen. Bekannt ist diese Sehenswürdigkeit mit über 130 Jahren Geschichte nicht nur durch ihre rote Mühle, sondern auch durch zahlreiche Filme und Songs. Das ist ein kultureller Einfluss, der Eindruck hinterlässt und diesen Ort auf der ganzen Welt berühmt macht. Im Moulin Rouge erlebst Du eine einzigartige und sagenhafte Show mit farbenfrohen, aufwendigen Kostümen, mit Strass, Pailletten, Glitzer und Federn. Außerdem finden regelmäßig Tanzshows auf höchstem Level und unglaublicher Akrobatik statt. Sichere Dir am besten im Vorfeld Tickets, sodass Dein Kulturtag in Paris perfekt endet.

KOMPLETTE TOUR IN GOOGLE MAPS

erlebn.is/ paris-kultur

2 - 3 Stunden 18. Arrondissement

20 MACHE EINE SCHNITZEL-JAGD DURCH MONTMARTRE

Montmartre ist aus dem Stadtbild von Paris nicht wegzudenken. Der Name bedeutet so viel wie „Märtyrer-Berg“. Viele Reisende planen einen Besuch hier fest ein, um die Attraktionen auf der 130 Meter hohen Erhebung im 18. Arrondissement zu sehen. Aber auch, wenn Du hier ein Andenken oder ein Mitbringsel von den vielen Kunstschaffenden erwerben möchtest, ist dieser Stadtteil perfekt dafür geeignet. Allerlei Kreative schneiden hier Schattenrisse, malen und zeichnen Bilder oder erschaffen andere Werke. Schon in der Vergangenheit wohnten hier viele bedeutende Künstler wie Vincent Van Gogh, Edgar Degas, Paul Cézanne, Salvador Dalí und viele weitere. Auch heute noch leben hier Kunstschaffende. Die einmalige Aussicht des Hügels ist eine Anreise wert. Dank der Anhöhe hast Du einen traumhaften Panoramablick auf die französische Weltmetropole, den Du nicht vergessen wirst.

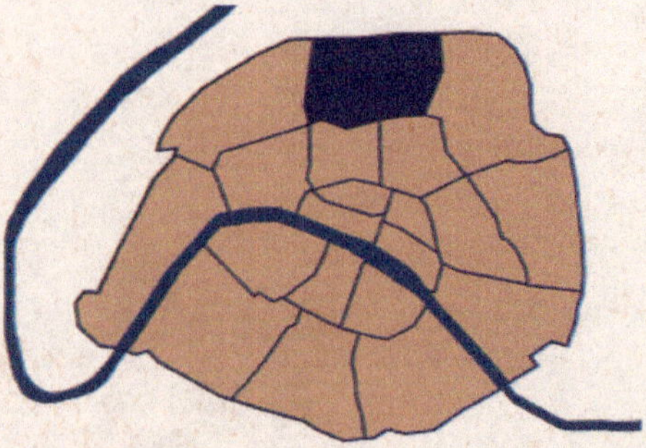

DAFÜR BRAUCHST DU FOLGENDE APP:

EXPLORIAL

erlebn.is/
explorial

SO FUNKTIONIERT DIE SCHNITZELJAGD

Mit Explorial kannst Du Montmartre auf eigene Faust entdecken. Durch Quizfragen, Foto-Aufgaben und Rätsel lernst Du die spannendsten Orte in Montmartre kennen. Kauf für die Tour zuerst online ein Ticket ein. Dies kannst Du auf der Webseite von Explorial tun. Lade Dir danach die App einfach aufs Handy. Du erhältst per E-Mail einen Code, den Du in die App eingibst. Begib Dich dann an den Startpunkt der Tour und starte ins Abenteuer!

WAS IST DAS ZIEL DIESER TOUR?

Ziel der Tour ist es, dass Du möglichst viele Punkte sammelst und natürlich Spaß dabei hast. Je mehr Punkte, desto besser bist Du im Ranking unter allen Teilnehmenden der App. Zudem kannst Du Paris auf eine andere Art entdecken, während Du einen unterhaltsamen Rundgang absolvierst. Bei allen Sehenswürdigkeiten kannst Du außerdem unvergessliche Fotos schießen. Allein oder als Team erledigst Du Aufgaben und beantwortest dabei verschiedene Fragen.

Kurzer Hinweis: Um Dir nicht schon vorab die einzelnen Stationen zu verraten, deuten wir die wichtigsten Etappen in dieser Tour nur an. Du machst schließlich eine Schnitzeljagd und Du musst die einzelnen Stationen schon selbst herausfinden. Alles andere wäre unfair!

DIESE WINDMÜHLE DIENT NUR ALS ZIERDE

An dieser Station gibt es viel schönen Schein, was schon mit der Windmühle als Äußeres des Gebäudes beginnt. Hier kannst Du nicht nur eine einfache Sehenswürdigkeit betrachten. Wenn Du auf bunte Events und Shows aller Art stehst, bist Du hier genau richtig. Dieser Ort schaffte es zudem, sich in zahlreichen bekannten Filmen und Songs zu verewigen.

DIE WAND DER LIEBE

Wie viele Sprachen sprichst Du? Liebe ist universal und für alle Menschen auf der Welt verständlich. An dieser Station auf der Tour kannst Du den Satz „Ich liebe Dich“ in hunderten verschiedenen Sprachen lesen.

AN DER NÄCHSTEN STATION BEGEGNEST DU VIELEN KÜNSTLER*INNEN

Wie lebendig und unvergänglich Kunst ist und was sie für Paris bedeutet, erlebst Du an diesem Ort. Schon vor Jahrhunderten wohnten hier große Namen aus der Kunstgeschichte. Dieser Ort ist der bedeutungsvollste in ganz Paris für die Kreativen der Kunstszene, da die sie hier ihre Arbeit verkaufen. Wenn Du Dir ein Gemälde, eine Zeichnung oder andere originale Werke von modernen Pariser Künstler*innen als Andenken mitnehmen möchtest, bist Du hier goldrichtig. Vielleicht machst Du hier sogar ein Schnäppchen.

ERKENNST DU DIESE BERÜHMT-BERÜCHTIGTE WEISSE KUPPELKIRCHE?

Diese Station gehört zu den bekanntesten Wahrzeichen von Paris und steht wohl bei so gut wie jeder Reise in die Hauptstadt Frankreichs auf der To-Do-Liste. Diese Kirche ist so berühmt und schön, dass sie gleichermaßen christliche sowie Menschen aller Religionen als Touristen anlockt. Und das, obwohl sie – anders als heute – zunächst von vielen nicht als architektonisches Meisterwerk gelobt wurde. Sie strahlt in weißer Farbe und ist der absolute Hingucker unter den Sehenswürdigkeiten in Montmartre. Der Ausblick von hier aus ist besonders beliebt. Außer dem prachtvollen Gebäude selbst und der Aussicht kannst Du hier unter anderem ein großes Mosaik von Jesus betrachten.

KOMPLETTE TOUR IN GOOGLE MAPS

erlebn.is/
paris-explorial

WICHTIGE SÄTZE AUF FRANZÖSISCH

Auch wenn die Franzosen Englisch ausgezeichnet verstehen, stell Dich darauf ein, dass Du eine Antwort auf Französisch bekommen wirst.

GRUNDLAGEN

Ja.	Oui.	Bitte!	S'il vous plaît !
Nein.	Non.	Danke!	Merci !
Vielleicht.	Peut-être.	Entschuldigung!	Pardon !
Ein bisschen.	Un peu.	Gern geschehen!	De rien !

BEGRÜSSUNG & VERABSCHIEDUNG

Hallo!	Salut !
Guten Morgen!	Bonjour !
Guten Tag!	Bonne journée !
Guten Abend!	Bonsoir !
Auf Wiedersehen!	Au revoir !
Tschüss!	À bientôt !
Alles klar?	Tout va bien ?
Gut, danke.	Bien, merci !
Sehr erfreut!	Enchantée !
Mach's gut!	Prenez soin de vous !

IM HOTEL

Ich möchte einchecken.	Je veux m'enregistrer.
Ich möchte auschecken.	Je veux faire le check-out.
Wo ist der Aufzug?	Où est l'ascenseur ?
Ich hätte gern ein Taxi!	Je voudrais un taxi !
Ich möchte meinen Schlüssel!	Je veux ma clé !
Wann ist das Zimmer fertig?	Quand la chambre sera-t-elle prête ?

IM RESTAURANT

Einen Tisch für 2 Personen!	Une table pour 2 personnes !
Ich hätte gern ...	Je voudrais ...
... ein Glas Wasser.	... un verre d'eau.
... einen Kaffee.	... un café.
... ein Bier.	... une bière.
... ein Glas Rotwein.	... un verre de vin rouge.
... ein Glas Weißwein.	... un verre de vin blanc.
Kann ich die Karte haben?	Je peux avoir la carte ?
Ich möchte gern zahlen.	J'aimerais bien payer.
Wo ist die Toilette?	Où sont les toilettes ?

ZAHLEN & WOCHENTAGE

0	zéro	7	sept	Montag	Lundi
1	un	8	huit	Dienstag	Mardi
2	deux	9	neuf	Mittwoch	Mercredi
3	trois	10	dix	Donnerstag	Jeudi
4	quatre	20	vingt	Freitag	Vendredi
5	cinq	50	cinquante	Samstag	Samedi
6	six	100	cent	Sonntag	Dimanche

AUSKUNFT & VERSTÄNDIGUNG

Können Sie mir helfen?	Vous pouvez m'aider ?
Ich suche ...	Je cherche ...
rechts	droite
links	gauche
geradeaus	tout droit
Wie viel kostet das?	Combien cela coûte-t-il ?
Ich verstehe nicht.	Je ne comprends pas.
Sprechen Sie Deutsch/Englisch?	Vous parlez allemand/anglais ?
Ich spreche kein Portugiesisch.	Je ne parle pas français.

NOTFÄLLE

Hilfe!	Au secours !
Polizei!	Police !
Ich habe mich verirrt.	Je me suis perdu.
Ich habe meine Tasche verloren.	J'ai perdu mon sac.
Ich bin krank.	Je suis malade.
Lassen Sie mich in Ruhe.	Laissez-moi tranquille !
Vorsicht!	Attention !

Du bist Dir unsicher, wie diese Sätze ausgesprochen werden? Dann scanne den nebenstehenden QR-Code, um Dir die wichtigsten Sätze anzuhören.

HÖRE ZU

erlebn.is/
paris-audio

ABREISE

Wie aufregend Deine Reise auch sein mag, sie wird irgendwann zu Ende sein. Du nimmst jedoch all Deine Eindrücke mit und kannst noch Jahre später über sie erzählen.

#URBANEABENTEUER

Du hast noch nicht genug? Wir haben in diesem Buch bewusst keine Listen der Top-Bars, Cafés, Restaurants und Co. eingebaut, weil Dir dies bei Deinem Städtetrip nicht wirklich weiterhilft. Damit Du dennoch gut gewappnet ins Abenteuer startest, haben wir hier noch die 120 Top-Highlights zum kostenlosen Download für Dich.

JETZT HERUNTERLADEN

erlebn.is/
paris-download

WIE GEHT'S JETZT WEITER?

erlebn.is/
paris-rate

Da in diesem Reiseführer viel Herzblut geflossen ist, freuen wir uns, wenn Du eine Bewertung auf Amazon hinterlässt. Der nebenstehende QR-Code führt Dich direkt zu Amazon. Bis gleich!

JETZT BEWERTEN

ANDERE BÜCHER AUS DER REIHE

LISSABON FÜR ABENTEURER

Du hast Lust auf Bacalhau, Pastéis de Nata und echten Portwein? Dann wird es Zeit für Dein nächstes urbanes Abenteuer in Lissabon! Egal, ob Du das erste Mal in der Hauptstadt Portugals bist oder Lissabon auf eine neue Art entdecken möchtest: In diesem Reiseführer bekommst Du genau die richtigen Ideen für Deinen nächsten Städtetrip.

Lissabon hält auch für erfahrene Städtereisende noch viele Geheimtipps bereit. Dieser Reiseführer begleitet Dich auf Deinem Abenteuer durch die Stadt und gibt Dir dabei 20 unvergessliche Touren an die Hand. Es geht durch die Viertel Alfama, Baixa, Belém und Chiado. Aber auch abseits der bekannten Spots führt Dich Dein Weg zu den faszinierenden UNESCO-Weltkulturerbe-Stätten und raus zu traumhaften Stränden. Du möchtest einmal vor den Toren Lissabons surfen oder bei Sonnenuntergang eine romantische Segel-Tour machen? Dann gehe mit uns auf Abenteuerreise und mache Deinen nächsten Städteurlaub zu einem einzigartigen Erlebnis!

AUF AMAZON SICHERN

erlebn.is/
lissabon-
reisebuch

STICHWORTVERZEICHNIS

Wenn Du einen bestimmten Ort, ein Stadtviertel, eine Person oder eine Sehenswürdigkeit aufsuchen möchtest, kannst Du hier nach dem jeweiligen Stichwort suchen.

Während Du das hier liest, arbeiten wir schon an neuen spannenden Reiseführern. Hast Du Anregungen und Ideen, was wir in unseren zukünftigen Reiseführern ergänzen sollen? Gibt es eine bestimmte Stadt, die Du bald besuchen möchtest? Lass es uns wissen und wir setzen dies um!

IMPRESSUM

Urbane Abenteuer wird vertreten durch TANHEXIS LLC, Friedrichstr. 123, 10117 Berlin

www.urbaneabenteuer.de

ISBN: 978-3-910340-03-9

Tritt unserer Facebook-Gruppe bei, um Dich mit Gleichgesinnten zu den besten Spots und Highlights für Deinen Städtetrip auszutauschen:

erlebn.is/
fb-gruppe

@urbaneabenteuer

urbaneabenteuer.de

@urbaneabenteuer

@urbane_abenteuer

info@urbaneabenteuer.de

Printed by Amazon Italia Logistica S.r.l.
Torrazza Piemonte (TO), Italy

44348098R00085